Volker Gerstner/Hatto Brenner

Vertragsgestaltung für Exporteure

Volker Gerstner/Hatto Brenner

Vertragsgestaltung für Exporteure

Kauf-, Handelsvertreter- und Vertragshändlerverträge rechtssicher und vorteilhaft formulieren

Das Handbuch für den Verkäufer

Deutscher Wirtschaftsdienst

Die Deutsche Bibliothek – CIP-Einheitsaufnahme

Bibliografische Information Der Deutschen Bibliothek

Die Deutsche Bibliothek verzeichnet diese Publikation in der Deutschen Nationalbibliografie; detaillierte bibliografische Daten sind im Internet über http://dnb.ddb.de abrufbar.

ISBN 3-87156-544-X

Haftungsausschluss:
Die Autoren dieses Buches, der Verlag oder eine sonstige Person, die in die Vorbereitung oder Erstellung dieses Werkes involviert ist oder war, übernehmen keine Haftung für irgendwelche direkten der indirekten Schäden oder Verluste – gleich aus welchem Rechtsgrund – die jemand durch eine Handlung oder Unterlassung aufgrund des Inhalts, der Informationen und der Materialien in diesem Buch erleidet. Jegliche Gewährleistung und Haftung – gleich welcher Art – ist ausgeschlossen.

Produktmanagerin: Annett Mohnert
Redaktion: Bettina Borchfeldt

Deutscher Wirtschaftsdienst
Marienburger Straße 22, D-50968 Köln (Marienburg)
Telefon (02 21) 9 37 63-0, Telefax (02 21) 9 37 63-99
Internet: http://www.dwd-verlag.de, eMail: box@dwd-verlag.de

Deutscher Wirtschaftsdienst – eine Marke von Wolters Kluwer Deutschland GmbH.

Umschlaggestaltung: Ute Weber, GrafikDesign, Geretsried
Satz: TGK Wienpahl, Köln
Druck: Wilhelm & Adam, Heusenstamm

Printed in Germany, September 2003

Vorwort

Kein Geschäft ohne Vertrag!

In einem Vertrag werden die für die Abwicklung des Geschäftes erforderlichen Rahmenbedingungen festgeschrieben, die den Vertragsparteien als Basis dienen für die sichere Abwicklung der ins Auge gefassten Geschäfte.

Die Ausarbeitung von Verträgen zwischen Vertragsparteien einer Nationalität kann noch als relativ einfach angesehen werden. Bei grenzüberschreitenden Verträgen ergeben sich jedoch erschwerende Faktoren durch auftretende Sprachprobleme, andere Geschäftssitten und verschiedenartige Rechtsauffassungen.

Während größere Unternehmen bei der Gestaltung von Auslandsverträgen häufig auf eine eigene Rechtsabteilung mit ausgeprägten Erfahrungen zurückgreifen können, ist das mittelständische Unternehmen auf sich alleine gestellt und muss dennoch in der Lage sein, Auslandsgeschäfte sicher und erfolgreich abzuschließen und abzuwickeln.

Das vorliegende Buch ist daher insbesondere entwickelt worden für den Einsatz in Exportabteilungen von mittelständischen Unternehmen. Dem Exportleiter und seinen Mitarbeitern werden praxisorientierte Hilfestellungen angeboten für die grenzüberschreitende Vertragsgestaltung, verbunden mit Formulierungsbeispielen in deutscher und englischer Sprache.

Insbesondere beschäftigt sich dieses Fachbuch mit der Gestaltung und Formulierung von international orientierten Kaufverträgen sowie von Händler- und Handelsvertreterverträgen.

Die Regelungen des UN-Kaufrechtes werden ebenso berücksichtigt wie die Normen des EU-Handelsvertreterrechtes. Leicht verständlich und praxisnah werden Tipps für die sichere Ausarbeitung von grenzüberschreitenden Verträgen gegeben.

Zum 01.01.2002 ist die Schuldrechtsform in Kraft getreten. Sie war durch eine EU-Richtlinie notwendig geworden. Mit der Schuldrechtsform wurde das BGB-Kaufrecht dem UN-Kaufrecht sehr angenähert. Außerdem wurden viele bisher selbstständige Gesetze wie das AGB-Gesetz und einige Verbraucherschutzgesetze in das BGB integriert. Es ist sicherheitshalber empfehlenswert, bei größeren Vertragswerten einen Spezialisten des betreffenden Landes hinzuzuziehen.

Wir würden uns freuen, wenn Sie uns Ihre Erfahrungen und erprobten Formulierungen mitteilen, sodass diese in eine spätere Auflage einfließen können.

Volker Gerstner (eMail: vg@ra-gerstner.de)
Hatto Brenner (eMail: awi@awi-germany.com)

Inhalt

III Der Vertragshändlervertrag

IV Anhang

I Der Kaufvertrag

I Der Kaufvertrag

1 Das anwendbare Recht

1.1 Bedeutung des anwendbaren Rechts

Die einzelnen Rechtsordnungen geben den Vertragsparteien Regeln für einzelne Vertragstypen vor (z.B. die §§ 433 ff. BGB für den Kaufvertrag). Dieses auf die Verträge anwendbare Recht ist insofern wichtig, da es Anwendung findet, wenn ein Vertrag Lücken oder Widersprüche aufweist. Auch der ausführlichste Vertrag regelt nicht alles.

Es ist wesentlich, die Grundzüge des anwendbaren Rechts zu kennen, um zu wissen, in welchen Fällen dieses für die eigene Partei günstig ist und deshalb nichts vertraglich gesondert geregelt werden muss. Oder auch um zu wissen, in welchen Fällen es ungünstig ist, und deshalb im Vertrag eine andere Regelung getroffen werden sollte.

Manche Rechtsordnungen sind uns fremd, zum Beispiel die anglo-amerikanische Rechtsordnung. Diese stützt sich vor allem auf Einzelentscheidungen höherer Gerichte („case law"), da in vielen Bereichen gesetzliche Regelungen fehlen. In Verträgen findet sich deshalb häufig eine Aufzählung ähnlicher Rechtsbegriffe nacheinander.

1.2 Vereinbarung des anwendbaren Rechts

Im Allgemeinen kann das Recht, das auf den Exportvertrag Anwendung findet, frei vereinbart werden (Ausnahme: einige arabische Staaten, Brasilien und Uruguay). Es kann das Recht im Lande des Verkäufers, des Käufers oder eines dritten Staates sein.

Keine Vereinbarung ist möglich über das zwingende Recht eines Landes, wie z.B. das Kartellrecht, das Insolvenzrecht (→ unter Eigentumsvorbehalt, I.10), das Wettbewerbsrecht und das Steuerrecht. (Obwohl manch einer gerne z.B. das Steuerrecht der Bahamas vereinbaren würde.) Diese Bereiche gehören zum so genannten „ordre public" und unterliegen immer dem Recht des betreffenden Landes.

1.3 Was heißt „deutsches Recht"?

Wenn man „deutsches Recht" ohne irgendeinen Zusatz vereinbart, dann kommt bei Kaufverträgen mit Auslandsbezug in erster Linie das CISG (→ Anlage 3) zur Anwendung. Dieses von den Vereinten Nationen entwickelte Kaufrecht gilt für grenzüberschreitende Warenkäufe und ist inzwischen international weit verbreitet, vor allem auch in unseren wichtigsten Absatzländern (→ Anlage 1).

Die Abkürzung „CISG" bedeutet: Contracts for the International Sale of Goods. Es wird auch als „UN-Kaufrecht" oder „UNCITRAL-Kaufrecht" bezeichnet. Die französische Abkürzung lautet: CVIM (Contrats de Vente Internationale de Marchandises), während die Spanischsprachigen die Bezeichnung „La Convención de las Naciones Unidas" verwenden.

Das CISG (im Folgenden auch: „vereinheitlichtes Recht", da es in allen Vertragsländern einheitlich gilt) ist ein deutsches Gesetz – genauso ist es ein chinesisches, ein englisches Gesetz usw. Da es internationales Recht ist und internationales Recht dem nationalen Recht vorgeht, verdrängt das CISG im Auslandsgeschäft weitgehend BGB und HGB. Das CISG liegt in sechs verbindlichen Originalsprachen vor (Englisch, Französisch, Spanisch, Russisch, Arabisch und Chinesisch), wohingegen die deutsche Sprache keine Originalsprache ist.

Das CISG findet auch Anwendung, wenn der Vertragspartner seinen Sitz (Niederlassung) in einem Vertragsstaat hat und das Recht eines Vertragsstaates vereinbart wurde. In diesem Fall verdrängt es das nationale unvereinheitlichte Recht.

Das CISG findet auf alle Kaufverträge Anwendung, auch auf so genannte Werklieferverträge. (Werklieferverträge, wie z.B. die Lieferung von Sondermaschinen, fielen früher unter das Werkvertragsrecht – seit der Schuldrechtsreform gilt jedoch auch für sie das Kaufrecht, auch bei inländischen Verträgen.) Das CISG gilt jedoch nicht für reine Werkverträge, wie Montageverträge und Anlagenverträge, wenn der überwiegende Teil in der Ausführung von Arbeiten oder anderen Dienstleistungen besteht.

1.4 Ist ein Ausschluss des CISG noch sinnvoll?

Man könnte das CISG auch ausschließen (z.B. *es gilt deutsches Recht unter Ausschluss des UN-Kaufrechts*). Dies war allenfalls vor In-Kraft-Treten der Schuldrechtsreform zum 1.1.2002 sinnvoll (Kaufrecht BGB alt: sechs Monate Gewährleistung – CISG: zwei Jahre Gewährleistung). Nach In-Kraft-Treten der Schuldrechtsreform erscheint dies nicht mehr angebracht, da die Kaufvertragsregeln des BGB z.T. für den Verkäufer jetzt ungünstiger sind als die Kaufvertragsregeln nach CISG und der Ausschluss des CISG den Vertragspartner eventuell misstrauisch macht.

Das CISG ist sehr dispositiv, d.h. sein Inhalt ist nicht zwingend und der Vertrag kann von den Vertragsparteien daher anders gestaltet werden.

1.5 Vereinbarung eines anderen Rechts: Gilt das CISG?

Eine deutsche Firma liefert an eine italienische Firma. Sie vereinbaren italienisches Recht. Da auch Italien Vertragsstaat ist (→ Anlage 1), gilt in erster Linie das CISG.

Eine deutsche Firma liefert an eine chinesische Firma. Sie einigen sich auf Schweizer Recht. Da auch die Schweiz Vertragsstaat ist, gilt in erster Linie das CISG.

Ergebnis: Das CISG findet fast auf alle Exportverträge Anwendung, auch wenn sich mancher dessen nicht bewusst ist. Ausnahme: Die Parteien wählen das Recht eines Landes, das nicht Vertragsstaat des CISG ist.

1.6 Die Parteien haben die Frage der Rechtswahl offen gelassen

In diesem Fall richtet sich die Frage des anwendbaren Rechts nach dem sog. Internationalen Privatrecht. Aber anders als der Name vermuten lässt, ist dies nicht international überall gleich, sondern es sagt nur, wie ein Staat die Beziehungen mit internationaler Anknüpfung regelt. Es gibt somit ein deutsches internationales Privatrecht, ein US-amerikanisches internationales Privatrecht usw.

Falls beide Vertragspartner ihren Sitz in EU-Staaten haben, gilt Folgendes: Wenn das anwendbare Recht nicht ausdrücklich geregelt ist, gilt der Schwerpunkt eines Vertrages und dieser liegt beim Kaufvertrag beim Verkäufer: es gilt also deutsches Recht (und damit CISG), wenn der Verkäufer in Deutschland sitzt.

Wenn der Vertragspartner außerhalb der EU seinen Sitz hat, gelten andere Regeln, die im Einzelfall geprüft werden müssten. Es kann also sein, dass bei Anrufung eines deutschen Gerichts dieses nach deutschem internationalen Privatrecht deutsches Recht zugrunde legt, bei demselben Vertrag ein ausländisches Gericht nach seinem internationalen Privatrecht vom Recht des Käufers ausgeht.

1.7 Das unvereinheitlichte Recht

Das CISG regelt jedoch nur den Kernbereich des Kaufrechts. Bei anderen Fragen, die vom CISG nicht ausdrücklich geregelt werden, muss auf das nationale unvereinheitlichte Recht (also z.B. bei Vereinbarung deutschen Rechts: BGB und HGB) zurückgegriffen werden. So gilt bei Vereinbarung französischen Rechts in erster Linie das CISG (vereinheitlichtes Recht) und für die vom CISG nicht geregelten Sachverhalte der Code civil (unvereinheitlichtes Recht).

Vor allem die folgenden Punkte werden vom CISG nicht geregelt, sondern durch das in Betracht kommende unvereinheitlichte Recht:

- Einbeziehung von AGB: Gelten die AGB des Einkäufers oder des Verkäufers oder beide nicht? Gültigkeit von AGB-Klauseln
- Gültigkeit einzelner Klauseln
- Insbesondere: Zulässigkeit von Haftungsbegrenzungen
- Eigentumsübergang/Eigentumsvorbehalt
- Haftung für Personenschäden (→ Produkthaftung, I.9)

1.8 Andere Möglichkeiten der Rechtswahl

Keine Bedenken bestehen aus der Sicht des Exporteurs auch gegen folgende Möglichkeiten der Rechtswahl:

- Schweizer Recht: In erster Linie gilt das CISG, ergänzend gilt das unvereinheitlichte Schweizer Bundesrecht (nur das Prozessrecht ist Kantonsrecht).
- Österreichisches Recht: In erster Linie gilt das CISG.
- Man kann auch ausdrücklich vereinbaren, dass das CISG gilt, wenn es nicht gelingt, deutsches Recht zu vereinbaren. Vor allem beim Export in Länder mit fremden Rechtsordnungen, die keine CISG-Vertragsstaaten sind (z.B. in Asien, Lateinamerika, Afrika, arabische Länder, ehemaliger Ostblock), und wenn es nicht gelingt, deutsches Recht durchzusetzen.

Abzuraten ist von der:

- Vereinbarung französischen Rechts: Die Haftung für Folgeschäden kann nicht wirksam ausgeschlossen werden – das CISG regelt dies nicht, sondern verweist diesbezüglich auf das unvereinheitlichte französische Recht (→ I.1.7: Zulässigkeit von Haftungsbegrenzungen).
- Vereinbarung von US-Recht: Da die Amerikaner überwiegend keine Gesetzessystematik haben, sind die Verträge sehr umfangreich, da sie alle möglichen Varianten abdecken müssen („case law"). Allerdings wird man sich bei Verträgen mit US-Amerikanern oft auf deren Recht einlassen müssen. Die Kompetenz für das Zivilrecht obliegt den einzelnen Bundesstaaten, so dass es sich empfiehlt, bei größeren Vertragswerten den Vertrag von einem Anwalt des entsprechenden Staates prüfen zu lassen.

2 Angebot, Vertragsschluss

2.1 Das Angebot

Ein Angebot kann vom Vertragspartner nur innerhalb einer „angemessenen Frist" (CISG) angenommen werden. Eine Antwort auf ein Angebot, die eine Annahme darstellen soll, aber Ergänzungen oder Abweichungen enthält, ist eine Ablehnung des Angebots – es sei denn, die Änderungen sind unwesentlich – und stellt ein Gegenangebot dar (Art. 19 CISG).

Bis zur Annahme kann das Angebot nach CISG widerrufen werden – anders übrigens bei innerdeutschen Verträgen, bei denen das CISG nicht gilt. Wenn aber der Käufer bereits die Annahmeerklärung abgesandt hat, ist ein später eingehender Widerruf des Angebots unbeachtlich (Art. 16 CISG).

Wollen Sie diese Bindungswirkung des Angebots vermeiden, sollten Sie dies auch zum Ausdruck bringen:

Unser Angebot ist unverbindlich.
Our offer is non-binding.

Was bedeutet die „angemessene Frist", innerhalb derer ein Angebot angenommen werden kann? Diese kann nach Stunden gehen wie beim Wertpapierhandel oder nach mehreren Monaten wie beim Anlagengeschäft. Oft gibt es einen Fall, bei dem man ein Angebot an einen ausländischen Kunden abgegeben hat und dieser es nach zwei Jahren annehmen will. Die angemessene Frist ist hier bestimmt schon verstrichen, aber es gibt eine unangenehme Diskussion mit dem Kunden.

Deshalb empfiehlt es sich immer, jedes Angebot ausdrücklich zu befristen. Nur Sie wissen, welche Frist Ihnen passt: Wie sind Sie ausgelastet? Stehen Preiserhöhungen wegen Tarifverhandlungen ins Haus? Usw.

Man kann eine Befristung z.B. wie folgt formulieren:

Der angegebene Preis und die angegebene Lieferzeit gelten nur, wenn die gleich lautende Bestellung des Käufers bis spätestens zum ... bei dem Verkäufer eingeht.

The price and delivery period indicated are subject to receipt by Seller of the Buyer's identical purchase order no later than being received by the Seller on ...

Es kann sich empfehlen, schon in der Angebotsphase eine Geheimhaltungsklausel zu vereinbaren, wenn man sich genötigt sieht, schon vor einem Liefervertrag Geheimnisse preiszugeben (→ I.13.3).

Produktlisten im Internet sind nach deutscher Rechtsprechung ebenso wenig juristisch bindende Angebote wie Reklame, sondern lediglich Aufforderungen an mögliche Kunden, ihrerseits Angebote abzugeben. Kommt es allerdings zum Vertrag, können diese Unterlagen u.U. Vertragsbestandteil werden (→ I.2.5).

2.2 Allgemeines zum Vertragsschluss

Oft wird – auch bei umfangreichen Lieferungen – nur ein technisches Angebot gemacht. Folge kann sein, dass der Käufer dann als Erster seine kaufmännisch-juristischen Bedingungen diktiert. Dann wird es schwierig, für sich günstige Änderungen zu erzielen, da jeder erfahrungsgemäß an dem festhält, was er in die Welt gesetzt hat.

Deshalb ist es günstig, wenn Sie schon im frühen Angebotsstadium einen kaufmännisch-juristischen Vorschlag beifügen. Dieser sollte nicht zu einseitig sein, sondern auch ausgewogene Regelungen über Verzug, Gewährleistung usw. enthalten.

Hat man eine wirtschaftlich starke Position, kann man ein vollständiges Angebot mit technischem und kaufmännisch-juristischem Inhalt zuschicken mit der Bitte, dieses auf der letzten Seite gegenzuzeichnen und zurückzusenden. In diesem Fall gelten auch die beigefügten AGB, wenn man sich auf sie bezogen hat, so wie dies z.B. bei Verträgen mit der Automobilindustrie oft passiert.

Bei Kunden, an die man häufig etwas verkauft, ist zu empfehlen, sich einmal zusammenzusetzen und einen Standardvertrag auszuarbeiten, auf den man sich dann immer bezieht. Das spart Kapazität und Ärger. Natürlich sollte man sich auch einen solchen Standardvertrag – wie alle Dauerverträge – ab und zu anschauen und an veränderte Gegebenheiten anpassen.

Oftmals werden Verträge in zwei Sprachen ausgefertigt. Hier kann es sich empfehlen zu vereinbaren, dass in Zweifelsfällen z.B. die deutsche Sprache maßgeblich ist.

2.3 Zustandekommen eines Vertrages

Bekanntlich kommt ein Vertrag durch übereinkommende Willenserklärungen zustande. Beispiel: Sie machen ein Angebot über 10.000 Stück mit einem Preis von 10,80 € je Stück. Der Kunde bestellt zu 10,20 € je Stück – kein Vertrag. Nun machen Sie eine Auftragsbestätigung zu 10,40 € je Stück – immer noch kein Vertrag.

Allerdings kann ein Vertrag auch durch schlüssiges Verhalten zustande kommen, die Juristen bezeichnen dies vornehm als „konkludentes Verhalten". Wenn Sie also in dem letzten Beispiel eine Anzahlung oder eine Akkreditivzahlung geregelt haben und der Kunde leistet die Anzahlung oder eröffnet das Akkreditiv, so akzeptiert er damit Ihre Auftragsbestätigung und der Vertrag ist zustande gekommen.

2.4 Vertrag als kaufmännisches Bestätigungsschreiben?

Sie machen ein Angebot mit einem Preis von 10,80 € je Stück. Der Kunde bestellt zu 10,20 € je Stück. Darauf rufen Sie den Kunden an. Man einigt sich telefonisch auf 10,50 € je Stück. Sie machen eine Auftragsbestätigung und beginnen mit den Worten: „Wie wir uns am 17.04. telefonisch geeinigt haben, beträgt der Preis 10,50 € je Stück". Nach deutscher Rechtsprechung wäre dies ein kaufmännisches Bestätigungsschreiben und wenn der Kunde nicht innerhalb wenigen Tagen widerspricht (z.B. weil er den ausgemachten Preis anders verstanden hat), gilt der Inhalt Ihres Schreibens und der Vertrag ist zustande gekommen.

Diese Rechtswirkung eines kaufmännischen Bestätigungsschreibens ist im Ausland jedoch nicht bekannt. Deshalb können Sie auch hier erst von einem gültigen Vertrag ausgehen, wenn Sie z.B. eine Anzahlung in Ihrer Auftragsbestätigung stehen haben und der Kunde diese leistet oder wenn der Kunde das Schreiben seinerseits bestätigt.

2.5 Lieferumfang

Oftmals erhält der Käufer vor Vertragsabschluss Produktinformationen z.B. durch Prospekte und Kataloge. Durch die Schuldrechtsreform ist ausdrücklich in § 434 Abs. 1, Satz 3 BGB niedergelegt, dass diese normalerweise Bestandteil des Vertrages sind. Will man das vermeiden, sollte man dies im Vertrag klären:

Alle mündlichen oder schriftlichen Informationen in Bezug auf den Liefergegenstand und dessen Gebrauch, z.B. in Katalogen, Broschüren oder anderem schriftlichen Material, sind nicht Gegenstand dieses Vertrages, es sei denn, es wird ausdrücklich in diesem Vertrag darauf Bezug genommen.

Any information, whether oral or in writing relating to the product delivered according this Agreement including without limitation information contained in brochures, catalogues or other written material shall not be part of this Agreement unless expressly referred to in this Agreement.

3 Allgemeine Geschäftsbedingungen (AGB)

3.1 Geltung von AGB

Das CISG regelt nicht die Frage, welche AGB beim Zusammentreffen von Einkaufs- und Verkaufsbedingungen gelten. Dies wird deshalb im unvereinheitlichten nationalen Recht geregelt. Das heißt, wenn z.B. deutsches Recht vereinbart ist und da im CISG die Frage der Anwendbarkeit und Gültigkeit von AGB nicht geregelt ist, kommt das deutsche unvereinheitlichte Recht zur Anwendung, somit vor allem BGB und HGB.

Beim Zusammentreffen von Einkaufs- und Verkaufsbedingungen gilt nach deutscher Rechtsprechung das Gesetz, soweit sich diese Bedingungen widersprechen (was bekanntlich häufig vorkommt) – also CISG, ergänzt durch BGB und HGB.

Man sollte sich demzufolge nicht auf seine AGB verlassen, da diese meistens nicht zur Anwendung kommen, sondern das Gesetz gilt, soweit ein Sachverhalt im ausgehandelten Vertrag nicht ausdrücklich geregelt ist. Das Gesetz ist jedoch oft ungünstig für den Verkäufer (z.B. Ersatz des vollen Verzugsschadens).

Ähnlich ist beim Zusammentreffen von Einkaufs- und Verkaufsbedingungen die Rechtslage in Frankreich. Anders jedoch in England: Hier gelten die AGB desjenigen, der zuletzt „schreibt“. In anderen Ländern sind AGB weit weniger üblich als bei uns.

Immer unbeachtlich sind AGB, die erst nach Vertragsschluss (z.B. mit einer Rechnung) zugesandt werden.

3.2 Inhalt der AGB

Wie oben erläutert, kann man sich nicht immer auf die AGB verlassen, da sie nicht immer zur Anwendung kommen. Aber selbst wenn sie zur Anwendung kommen, unterliegen sie inhaltlichen Beschränkungen. Nach unvereinheitlichtem italienischen Recht sind „nachteilige" Klauseln, wie Haftungsbegrenzung, Gerichtsstandsregelung usw., in den AGB nicht anerkannt.

Wenn deutsches Recht vereinbart wird, gelten bezüglich des Inhalts die Einschränkungen, die früher im „Gesetz zur Regelung des Rechts der Allgemeinen Geschäftsbedingungen" (AGB-Gesetz) standen. Nach der Schuldrechtsreform sind diese Vorschriften im BGB integriert (§§ 305–310 BGB). Vorsicht: Wirkt eine Klausel in einem bestimmten Fall unangemessen oder überraschend, so ist sie nach der Rechtsprechung insgesamt nichtig (anders nach österreichischem und Schweizer Recht). Ist z.B. ein Teil einer Haftungsbegrenzung in den AGB nichtig, so ist nach der Rechtsprechung die gesamte Haftungsbegrenzungsklausel nichtig, sie wird also nicht auf ein zulässiges Maß zurückgeführt: Das kann teuer werden.

Dagegen kann man im individuellen, in allen relevanten Punkten frei ausgehandelten Vertrag (fast) alles frei vereinbaren. So können Sie bei Vereinbarung deutschen Rechts

- in den AGB die Haftung für Folgeschäden bei grober Fahrlässigkeit nicht ausschließen, im individuellen Vertrag ist dies jedoch möglich.
- in den AGB seit der Schuldrechtsreform keine kürzere Gewährleistungszeit als ein Jahr festlegen, im individuellen Vertrag können Sie jedoch auch z.B. ein halbes Jahr vereinbaren.

Aber Vorsicht: Allgemeine Geschäftsbedingungen sind nicht nur die Bedingungen, die (meist klein gedruckt) auf der Rückseite stehen oder einem Vertrag beigefügt sind. Auch die eigentlichen Verträge selbst können Allgemeine Geschäftsbedingungen sein, nämlich dann, wenn sie für eine Vielzahl von Fällen vorformuliert sind. Dies ist häufig der Fall beim Verkauf von Standardmaschinen, Ersatzteilen, bei Handelsvertreter- und Vertragshändlerverträgen.

Aber nicht nur die Verträge als Ganzes, sondern auch einzelne Klauseln (wie z.B. Haftungsbegrenzungsklauseln) können Allgemeine Geschäftsbedingungen sein, wenn sie für eine Vielzahl von Fällen vorformuliert sind. Dies gilt nur dann nicht, wenn die Verträge in allen relevanten Punkten konkret mit dem Käufer ausgehandelt werden.

Will man die oben genannte Problematik vermeiden, empfiehlt es sich, Schweizer oder österreichisches Recht zu vereinbaren. Dort sind die Anforderungen, wann Allgemeine Geschäftsbedingungen vorliegen und ob ihr Inhalt wirksam ist, für den Verwender solcher Bedingungen wesentlich günstiger.

3.3 Vorgehensweise

Fügen Sie die AGB grundsätzlich Ihrem Angebot/Ihrer Auftragsbestätigung bei. Keinesfalls reicht es im internationalen Geschäftsverkehr, dass sie bloß auf ihre AGB hinweisen, ohne sie beizufügen. (Bei Geschäften innerhalb Deutschlands zwischen Kaufleuten reicht bekanntlich nur ein solcher Hinweis.) Wenn Sie als Verkäufer Ihre AGB nicht beifügen, der Einkäufer jedoch seine Einkaufsbedingungen der Bestellung beifügt, gelten möglicherweise nur die Einkaufsbedingungen. Deshalb kann die Beifügung Ihrer AGB dazu dienen, die Einkaufsbedingungen „abzuwehren“.

AGB müssen in der Verhandlungssprache abgefasst sein oder in der Heimatsprache des Vertragspartners.

Gerade für mittelständische Firmen, für die es oft schwierig ist, eigene rechtssichere Bedingungen in Fremdsprachen zu erstellen, empfiehlt es sich, Bedingungen internationaler Institutionen zu übernehmen. Bezüglich dieser Bedingungen wird es auch eher möglich sein, deren ausdrückliche Einbeziehung in den Vertrag zu erreichen, als bei eigenen Bedingungen, bei denen der Käufer eher von einer Parteilichkeit ausgeht.

So sind beispielsweise die folgenden Bedingungen, die in mehreren Sprachen vorliegen (z.B. Deutsch, Englisch, Französisch), relativ verkäuferfreundlich:

- Allgemeine Lieferbedingungen für den Export von Maschinen und Anlagen, ECE, LW 188
- Allgemeine Liefer- und Montagebedingungen für den Import und Export von Maschinen und Anlagen, ECE, LW 188 A
- Allgemeine Bedingungen für die Lieferung von mechanischen, elektrischen und verwandten elektronischen Erzeugnissen, ORGALIME
- Allgemeine Bedingungen für die Lieferung und Montage von mechanischen, elektrischen und verwandten elektronischen Erzeugnissen, ORGALIME

Man kann diese Bedingungen auch als Hilfe zur Vertragsformulierung zu Verhandlungen mitnehmen, da man dann auf inhaltlich übereinstimmende Formulierungen in mehreren Sprachen zurückgreifen kann.[1]

Falls Sie dem Kunden ein Angebot mit AGB schicken, welches der Kunde gegengezeichnet zurücksendet, gelten Ihre beigefügten AGB.

Natürlich können Sie Ihre AGB auch zum Vertragsinhalt machen, wenn Sie sie vom Käufer separat unterzeichnen lassen.

Falls dies nicht möglich ist, schreiben Sie in den Angebotstext: *„Wir bieten an aufgrund unserer beiliegenden* (bzw. *umseitigen) Allgemeinen Geschäftsbedingungen“*.

1 Diese Bedingungen können z.B. vom VDMA-Verlag bezogen werden (www.vdma-verlag.de).

Vermeiden Sie möglichst, dass nur ein gedruckter Hinweis auf die AGB im Angebotsformular enthalten ist.

Für den Fall, dass die AGB nicht zur Anwendung kommen, und da auch bei deren Anwendung diese inhaltlichen Beschränkungen unterliegen, sollten Sie die folgenden wichtigen Punkte ausdrücklich im individuellen Hauptvertrag regeln:

- Preisstellung und Zahlungsbedingungen
- Lieferzeit, Verzugsregelung
- Gewährleistung und Haftungsbegrenzung
- Eigentumsvorbehalt
- Anwendbares Recht
- Gerichtsstand bzw. Schiedsgerichtsklausel
- Rücktritt

Es ist z.B. gefährlich, sich auf eine Gerichtsstandsvereinbarung in den AGB zu verlassen, wenn nicht sicher ist, dass die AGB in den Vertrag einbezogen werden (→ I.3.1).

Die Formulierungsvorschläge auf den nachfolgenden Seiten sind für Individualverträge gedacht, nicht für AGB.

4 Preisstellung und Gefahrtragung

4.1 Preise und Preisstellung

Um Missverständnisse zu vermeiden, sollten bei der Preisstellung immer die INCOTERMS (mit Jahr der Gültigkeit) erwähnt werden. Diese legen für alle international gültig und unmissverständlich fest, welche Pflichten Verkäufer und Käufer haben. Denn ohne die Erwähnung der INCOTERMS können Ausdrücke wie „fob" und „cif" in anderen Ländern (z.B. in den USA) anders verstanden werden.[2]

Beispiel für Preisstellung:

Der Preis beträgt: EUR ... (In Worten: EUR ...)
Der Preis versteht sich FOB Hamburg gemäß INCOTERMS 2000.

The price shall be: EUR ... (in words: EUR ...)
The price is to be understood FOB Hamburg according to INCOTERMS 2000.

Vor allem bei langfristigen Verträgen (Rahmenverträge, Mehrjahreslieferverträge) sollte bei Preisen, für die eine Preisliste vorhanden ist, auf die Preise *gemäß Preisliste in der bei Lieferung* (oder: *bei Lieferabruf*) *gültigen Fassung* hingewiesen werden.

2 Zu den einzelnen INCOTERMS vgl. Lehr, Optimierung des Exportgeschäfts.

Bei größeren Aufträgen ist es vorgekommen, dass im Land des Käufers bei der Montage Gebühren oder Abgaben entrichtet werden mussten und keine Einigung über deren Erstattung gefunden werden konnte. Dasselbe gilt für eventuell erforderliche Genehmigungen. Deshalb empfiehlt sich folgender Satz:

Sämtliche Steuern (ausgenommen die Einkommensteuer des Verkäuferpersonals), Zölle, Gebühren und sonstige Abgaben – inklusive Sozialabgaben – außerhalb von Deutschland gehen zu Lasten des Käufers. Falls der Verkäufer damit belastet wird, ist der Käufer verpflichtet, ihm diese unverzüglich zu erstatten. Genehmigungen jeglicher Art außerhalb Deutschlands sind vom Käufer einzuholen.

All taxes (except tax for the income of Seller's personnel), customs duties, fees and other payments – including social contributions – outside Germany are to be borne by the Buyer. If they are charged to the Seller's account, the Buyer is obligated to refund such charges immediately. Required licences, permits, approvals, consents or other formalities outside Germany shall be obtained by the Buyer.

Oftmals werden bei länger dauernden Verträgen Preisgleitklauseln vereinbart, etwa nach der Formel:[3]

$$P_1 = \frac{P_0}{100}(a + b\frac{M_1}{M_0} + c\frac{L_1}{L_0})$$

Dabei bedeuten:

P_1 = End-(Berechnungs-)Preis
P_0 = Ausgangspreis

a = prozentualer Festanteil
b = prozentualer Materialanteil
c = prozentualer Lohnanteil

(a + b + c = 100)

M_1 = durchschnittlicher Materialpreis zum Berechnungszeitpunkt
M_0 = durchschnittlicher Materialpreis zum Ausgangszeitpunkt

L_1 = durchschnittliche Lohnkosten zum Berechnungszeitpunkt
L_0 = durchschnittliche Lohnkosten zum Ausgangszeitpunkt

4.2 Gefahrtragung

Die INCOTERMS regeln nicht nur die Frage der Transportkosten und der Verzollung, sondern auch die der Gefahrtragung, also die Frage, wer das Risiko des von keiner Seite verschuldeten Untergangs bzw. der Beschädigung einer Sache trägt. Falls die

3 Einzelheiten siehe Beilage zu ECE-Bedingungen 188.

Gefahr beim Verkäufer liegt, trägt er die Leistungsgefahr, d.h. er muss die untergegangene Ware nochmals auf eigene Kosten herstellen. Falls die Gefahr auf den Käufer übergegangen ist, trägt dieser die Preisgefahr, d.h. er muss die Ware bezahlen, ohne dass er sie hat.

Dieses Risiko kann natürlich durch eine Transportversicherung gedeckt werden. Bei der Klausel EXW... geht das Risiko bereits auf den Käufer über, wenn der Verkäufer die Ware ordnungsgemäß zur Verfügung gestellt hat. Der Käufer wird also im eigenen Interesse die Transportversicherung beauftragen. Bei den Klauseln CIF... bis DDP... muss der Verkäufer die Transportversicherung beauftragen.

Bei den dazwischen liegenden Klauseln (z.B. FOB...) geht die Gefahr unterwegs über (z.B. beim Überschreiten der Schiffsreling im Verschiffungshafen). Falls in solchen Fällen die Ware beschädigt beim Käufer ankommt, entsteht oft Streit, ob die Ware z.B. vor oder nach Überschreiten der Reling beschädigt wurde – wenn der Verkäufer bis zum Gefahrübergang und der Käufer ab dem Gefahrübergang versichert hat (gebrochene Versicherung). Deshalb ist es auch in diesem Fall angebracht, dass der Verkäufer eine durchgängige Versicherung von Haus zu Haus abschließt. Um die Zahlung sicherzustellen, empfiehlt es sich, in seinem Angebot die Transportversicherung als Extraposten aufzuführen.

Oder es wird ausdrücklich vereinbart, dass die Gefahr auf den Käufer übergeht, sobald die Ware das Werk des Verkäufers verlassen hat und dass der Käufer verpflichtet ist, eine Transportversicherung von Haus zu Haus abzuschließen.

4.3 Gefahrübergang bei Abnahme

Immer häufiger verlangen Käufer, dass die Gefahr erst mit der Abnahme übergeht, vor allem bei Großanlagen, bei denen der Verkäufer Herstellung, Transport und Montage beim Kunden übernimmt (übrigens sieht auch der Werkvertrag im BGB vor, dass die Gefahr erst bei Abnahme des Werkes übergeht). Selbstverständlich muss der Verkäufer auch hier die Transportversicherung abschließen, unabhängig von der Lieferklausel.

Aber auch nach Ankunft der Ware auf der Baustelle und Beginn der Montage kann es passieren, dass z.B. der Blitz einschlägt oder alles überschwemmt wird. Da niemand daran schuld ist und der Verkäufer noch die Gefahr trägt, hat er Pech gehabt und muss nochmals alles auf eigene Kosten herstellen und liefern.

Deshalb empfiehlt sich in diesen Fällen folgender Satz:

> Die Gefahr geht mit der Abnahme auf den Käufer über. Der Käufer haftet jedoch ab Ankunft der Teile auf der Baustelle für folgende Schäden: Elementarschäden wie Sturm und Überschwemmung sowie für Feuer, Explosion und Diebstahl. Der Käufer hat entsprechende Versicherungen abzuschließen.

The risk of loss shall pass to the Buyer at the time of acceptance, but provided however that from the time of arrival of the goods at the site, the Buyer shall be liable for the following damages: damages caused by natural disasters like storm and flood, for damages caused by fire, explosion and theft. The Buyer shall effect the relevant insurances with appropriate coverage.

5 Zahlungsbedingungen

5.1 Die Anzahlung

Oft liest man die Formulierung: *„... % Anzahlung, zahlbar innerhalb ... Wochen nach Vertragsabschluss“*. Zwar muss der Käufer nach Art. 57 CISG den Geldbetrag zum vereinbarten Zeitpunkt auf das Konto des Verkäufers überwiesen haben (anders gemäß BGB: danach genügt zur rechtzeitigen Zahlung das rechtzeitige Absenden – der Überweisungsauftrag). Jedoch empfiehlt es sich, um Missverständnisse von vornherein zu vermeiden, den Eingang der Anzahlung vertraglich zu vereinbaren. Gut ist auch, das Konto des Verkäufers genau zu bezeichnen, auf dem die Anzahlung eingehen soll. Die Erwähnung, dass die Zahlung ohne Abzug sein soll, ist nützlich, da viele Käufer in ihren Einkaufsbedingungen bei schneller Zahlung Skonto vorsehen.

... %, das sind EUR ... ohne Abzug
bei Auftragserteilung, spätestens ... Wochen nach Vertragsabschluss auf dem folgenden Konto des Verkäufers eingehend: Konto-Nr. ... bei der ... Bank *(Swift-Code).*

... %, i.e. EUR ... without deduction
with the order being received no later than ... weeks from the date of this contract at the following account of the Seller: Account no: ... with the ... bank (Swift-Code).

5.2 Die Zahlung per Akkreditiv

Zwar gilt nach den neuen Einheitlichen Richtlinien für Akkreditive ein Akkreditiv ohne nähere Bezeichnung als unwiderruflich, trotzdem sollte man die Unwiderruflichkeit ausdrücklich vereinbaren, damit nicht der Käufer bei seiner Bank ein widerrufliches Akkreditiv beantragt.

Es empfiehlt sich, die zahlungsauslösenden Dokumente ausdrücklich im Vertrag zu vereinbaren, da dies für den Exporteur der wichtigste Teil der Akkreditivbedingungen ist. Andernfalls werden häufig Dokumente verlangt, deren Beschaffung sehr schwierig ist.

Abzulehnen ist in jedem Fall, dass die Einlösung des Akkreditivs von einem Papier abhängig gemacht wird, dessen Erstellung in dem Einflussbereich des Kunden liegt – z.B. *„Zertifikat über Vorabnahme im Werk des Verkäufers durch den Käufer“*: wenn der

Käufer niemanden zur Abnahme schickt, bekommt man auch das Abnahmepapier nicht und kann das Akkreditiv nicht einlösen.

In einem solchen Fall sollte man wenigstens noch vertraglich vereinbaren, dass *auch ein Zertifikat über die Vorabnahme z.B. durch die SGS-Controll Co., Hamburg,* vorgelegt werden kann: hierbei handelt es sich um eine unabhängige Ingenieur-Gesellschaft, die man mit der Vorabnahme beauftragen kann, wenn der Käufer niemanden zur Vorabnahme schickt.

Oft liest man die Formulierung: *„das Akkreditiv muss bis spätestens ... Monate nach Vertragsabschluss eröffnet sein"*. Diese Formulierung hat den Nachteil, dass es noch lange dauern kann, bis das eröffnete Akkreditiv bei der Bank des Verkäufers vorliegt und der Verkäufer davon erfährt. Bei der unten empfohlenen Formulierung ist der Verkäufer sicherer: Sobald seine Bank das Akkreditiv erhalten hat, erfährt er üblicherweise auch davon.

Natürlich sollte man bezüglich der Gültigkeit des Akkreditivs einen angemessenen Spielraum haben, um die Dokumente zu besorgen, da jeder durch eigenes Verschulden oder das der vielen Unterlieferanten in Verzug geraten kann. Die Bank ist nicht berechtigt, von sich aus dem Verkäufer eine Nachfrist einzuräumen, und die Verlängerung eines abgelaufenen Akkreditivs kann mit großen Schwierigkeiten verbunden sein.

Es ist anzustreben, eine völlige Absicherung durch Anzahlung und Akkreditiv zu erreichen. Besteht der Käufer auf einer späteren Teilzahlung bei Abnahme, kann man die spätere Zahlung ins Akkreditiv aufnehmen, z.B. Zahlung des auf die Abnahme entfallenden Teils zwei Monate nach Vorlage der Papiere (deferred payment). Macht der Käufer geltend, er habe z.B. bezüglich einer ordnungsgemäßen Durchführung der Montage dann keine Absicherung, kann man ihm anbieten, als zusätzliches akkreditivauslösendes Papier eine Gewährleistungsgarantie zu stellen.

Beispiel für Akkreditivzahlung:

... %, das sind EUR ...
durch unwiderrufliches, Teillieferungen zulassendes* Akkreditiv, gültig bis zum ..., bestätigt** von einer akzeptablen Bank in Deutschland, avisiert über die Bank des Verkäufers, die ... Bank in ... *(Swift-Code)*, zahlbar in Deutschland bei Sicht gegen folgende Dokumente:

- Handelsrechnung
- Versandpapiere (Spediteur-Übernahmebescheinigung/Konnossement/Luftfrachtbrief)
- Packliste

Das vertragsgemäße, bestätigte** Akkreditiv muss bis spätestens ... Monate nach Vertragsabschluss bei der Bank des Verkäufers vorliegen. Die Kosten der Bestätigung** des Akkreditivs gehen zu Lasten des Käufers.

... %, i.e. EUR ...
by an irrevocable letter of credit, allowing partial shipments and valid until ..., confirmed by a bank of good standing** acceptable to Seller, advised by and payable through the bank of the Seller, the ... Bank in ...* (Swift-Code) *against presentation of the following documents*

– commercial invoice
– shipping documents (forwarder's certificate of receipt/bill of lading/air waybill)
– packing list

*The confirmed** letter of credit in accordance with this contract shall be received by the bank of the Seller no later than ... weeks from the date of this contract. The cost of the confirmationing** of the letter of credit shall be borne by the Buyer.*

* falls Teillieferungen vorgesehen sind
** falls Bestätigung erforderlich ist

Bei EXW kann es vorkommen, dass der Käufer keine Spedition beauftragt, so dass der Verkäufer keine Spediteur-Übernahmebescheinigung bekommt; bei FOB gibt es kein Konnossement, wenn der Käufer kein Schiff beauftragt hat. Damit kann das Akkreditiv nicht eingelöst werden. Deshalb empfiehlt sich folgender Zusatz:

Falls der Versand nicht rechtzeitig aus Gründen durchgeführt werden kann, die nicht vom Verkäufer zu verantworten sind, kann der Verkäufer der avisierenden Bank einen Lagerempfangsschein statt Spediteur-Übernahmebescheinigung/Konnossement/Luftfrachtbrief vorlegen.

In case that a shipment cannot be effected in due time for reasons beyond the Seller's control, the Seller is allowed to present to the advising bank a warehouse-receipt as a substitute document for the forwarder's certificate of receipt/bill of lading/air waybill.

In Betracht zu ziehen sind auch immer Sonderformen des Akkreditivs bzw. andere Sicherungen:

- Bei Sukzessivlieferungen: das revolvierende Akkreditiv, das mehrmals bis zu einem bestimmten Höchstbetrag in Anspruch genommen werden kann;
- Bei Lieferungen an einen Händler: das übertragbare Akkreditiv oder das Gegenakkreditiv;
- In USA wird oft zur Absicherung ein Standby-Letter of Credit als garantieähnliches Instrument vereinbart.

Falls eine Absicherung (z.B. durch Akkreditiv) nicht vereinbart werden kann, sollten eine Anzahlung und möglichst viele Zwischenzahlungen angestrebt werden, so dass sich der Verlust bei einem Zahlungsstopp in Grenzen hält.[4]

4 Eine gute Zusammenfassung über Zahlungsarten und Zahlungsrisiken im Außenhandel findet sich bei Häberle, „Handbuch für Kaufrecht, Rechtsdurchsetzung und Zahlungssicherung im Außenhandel".

5.3 Verspätung von Anzahlung bzw. Akkreditiv: Rücktritt

Bei verspätetem Eingang von Anzahlung bzw. Akkreditiv gibt es eine „Schmerzgrenze", also den Zeitpunkt, bei dem sich der Verkäufer sagt, er kann nun nicht länger auf den Eingang der Anzahlung bzw. des Akkreditivs warten. Um juristische Auseinandersetzungen darüber zu vermeiden, wo diese „Schmerzgrenze liegt", empfiehlt es sich, diese vertraglich festzulegen:

Sollte nicht innerhalb von ... Monaten nach den Fälligkeitsdaten die Anzahlung auf dem Konto des Verkäufers eingegangen sein bzw. das vertragsgemäße bestätigte* Akkreditiv bei der Bank des Verkäufers vorliegen, so ist der Verkäufer berechtigt, vom Vertrag zurückzutreten oder die Preise angemessen zu erhöhen.

If the down payment is not received on the Seller's account resp. the confirmed letter of credit in accordance with this contract is not received by the Seller's bank within ... months from the due dates the Seller shall be entitled to rescind the contract or to increase the contract prices reasonably.*

* falls Bestätigung vereinbart ist

Nach dieser Formulierung hat der Verkäufer die Wahl bei langen Zahlungsverzögerungen: Entweder er tritt vom Vertrag zurück oder er hält daran fest, kann aber inzwischen eingetretene oder bevorstehende Erhöhungen der Einkaufspreise oder der Arbeitskosten weitergeben.

Bezüglich der Verspätung von Zahlungen durch den Käufer allgemein haftet der Käufer nach Art. 74 CISG für den nachweisbaren Schaden des Verkäufers. Danach müsste der Verkäufer z.B. eine Bankbescheinigung über die Höhe seiner Kreditzinsen vorlegen, was nicht jeder gerne macht. Eine Regelung wie im BGB, wonach man nach der Schuldrechtsreform ohne Nachweis gegenüber Firmen 8 % über Basiszinssatz verlangen kann, gibt es im CISG nicht. Es empfiehlt sich deshalb, die Höhe der Verzugszinsen vertraglich festzulegen:

Ist der Käufer mit einer Zahlung im Verzug, kann der Verkäufer vom Tag der Fälligkeit Verzugszinsen von jährlich 12 v.H. verlangen.

If the Buyer fails to pay by a stipulated date, the Seller shall be entitled to interest of 12 per cent per annum from the day on which payment was due.

5.4 Weitere Zahlungen

Falls nicht alle Zahlungen durch Anzahlung bzw. Akkreditiv abgesichert werden können, sondern z.B. eine Zahlung bei Abnahme vereinbart wird, ist zu beachten, dass die Abnahme aus Gründen verzögert werden kann, die nicht im Willen des Verkäufers liegen (z.B. der Verkäufer liefert CIF und der Käufer lässt die Ware im Hafen liegen oder eine Anlage soll in eine vom Kunden zu errichtende Halle eingebaut werden, aber der Kunde ist mit seiner Halle noch nicht fertig). In allen diesen Fällen kann man u.U. lange auf die Abnahme warten. Deshalb sind Zahlungen, die an Ereignisse geknüpft sind, auf die der Verkäufer nicht alleine Einfluss besitzt, mit Spätestterminen zu verbinden:

Bei Lieferung EXW:

... %, das sind EUR ...
zahlbar bei Abnahme, spätestens jedoch ... Monate nach Meldung der Versandbereitschaft, es sei denn, die Abnahme verschiebt sich aus Gründen, die der Verkäufer zu vertreten hat.

... %, i.e. EUR ...
payable on acceptance, but not later than ... months from the date of information of readiness for shipment unless acceptance is delayed for reasons attributable to the Seller.

Bei Lieferung DDP:

... %, das sind EUR ...
zahlbar bei Abnahme, spätestens jedoch ... Monate nach Eintreffen der Ware am Bestimmungsort, es sei denn, die Abnahme verschiebt sich aus Gründen, die der Verkäufer zu vertreten hat.

... %, i.e. EUR ...
payable on acceptance, but not later than ... months from the date of arrival of the goods at the place of destination unless acceptance is delayed for reasons attributable to the Seller.

Sollte der Käufer zur Abnahme auch bei Vorhandensein geringfügiger Mängel verpflichtet sein (→ I.7.2) und einwenden, dann könne er auch nicht den vollen Preis bei Abnahme bezahlen, könnte man an eine ähnliche Regelung denken, die das BGB-Werkvertragsrecht (§ 641 BGB) vorsieht:

... %, das sind EUR ...
zahlbar bei Abnahme. Sollten bei der Abnahme geringfügige Mängel vorliegen, ist der Käufer berechtigt, das Doppelte der für die Beseitigung des Mangels erforderlichen Kosten einzubehalten.

... %, i.e. EUR ...
payable on acceptance. If at the time of acceptance there exist minor defects, the Buyer shall be entitled to set off from the amount payable on acceptance the twice of the cost required for the elimination of such defects.

5.5 Bankgarantien

Leider ist es im internationalen Handel üblich, dass Bankgarantien auf erstes Anfordern (on first demand) zu zahlen sind, z.B. die Anzahlungsgarantie und die Gewährleistungsgarantie. Vermeiden sollte man die Verpflichtung, eine Erfüllungsgarantie (performance guarantee) stellen zu müssen, die über eine Absicherung der Gewährleistungsverpflichtungen hinausgeht.

Aber auch bei der Gewährleistungsgarantie (guarantee for warranty obligations) auf erstes Anfordern kann es zum Missbrauch kommen. Der Verkäufer liefert beispielsweise eine Maschine, die plötzlich stehen bleibt. Der Käufer erklärt, der Stillstand sei auf einen Mangel zurückzuführen und verlangt die Entsendung eines Monteurs. Der Verkäufer ist hingegen der Meinung, der Stillstand sei auf mangelhafte Wartung durch den Käufer zurückzuführen, und weigert sich, einen Monteur zu entsenden.

Wenn in diesem Fall eine Gewährleistungsgarantie auf erstes Anfordern vorliegt, kann der Käufer diese mit der bloßen Behauptung in Anspruch nehmen, der Verkäufer sei seinen Gewährleistungsverpflichtungen nicht nachgekommen. Die Bank wird den geforderten Betrag ausbezahlen, da sie nicht verpflichtet ist, nachzuprüfen, ob die Behauptungen des Käufers stimmen. In diesem Fall könnte der Verkäufer lediglich versuchen, den bezahlten Betrag per Klage wieder zurückzuverlangen – und das kann dauern!

Seltene Ausnahme: Falls ein offensichtlicher Missbrauch vorliegt, kann man eine einstweilige Verfügung beantragen, um die Bank an der Auszahlung zu hindern.

Bei der Anzahlungsgarantie sollte man darauf achten, dass deren In-Kraft-Treten von dem Eingang der Anzahlung auf dem Konto des Begünstigten abhängig gemacht wird.

Trotzdem sollte man versuchen, dass Bankgarantien (vor allem Gewährleistungsgarantien) nicht auf erstes Anfordern in Anspruch genommen werden können, sondern z.B. nur aufgrund eines Urteils oder eines Vergleichs des vertraglich vereinbarten Schiedsgerichts – vor allem, wenn der Kunde eine hohe Bankgarantie verlangt (mehr als 10–15 % der Vertragssumme).

Möglich ist auch, dass eine Gewährleistungsgarantie nicht auf erstes Anfordern zu zahlen ist, sondern nur durch Vorlage eines Schreibens (z.B. der SGS-Controll Co.), dass die gelieferte Ware bei Gefahrübergang nicht die im Vertrag vereinbarten Eigenschaften aufweist, wobei der Mangel ausdrücklich zu bezeichnen ist.

In jedem Fall ist jedoch darauf zu achten, dass Garantien zeitlich befristet sind!

6 Lieferzeitpunkt, Verzug, Verzugsfolgen, Höhere Gewalt

6.1 Lieferzeitpunkt

Es ist zu empfehlen, die Zeitpunkte genau zu definieren. So sollte es bei einer Lieferung EXW nicht heißen: *Lieferung am ...*, denn die Lieferung dauert bis zur Ankunft der Ware beim Kunden und der Verkäufer muss die Ware nur zum Versand bereithalten. Sondern es sollte heißen: *Mitteilung der Versandbereitschaft am ...*

Es ist in jedem Fall ratsam, die Liefertermine und Leistungstermine (z.B. Montage) von pünktlichen Zahlungen abhängig zu machen. Oft werden betriebsintern Konstruktion und/oder Fertigung erst freigegeben, wenn die Anzahlung – und das Akkreditiv – vorliegen. Manchmal wird das In-Kraft-Treten des Vertrages überhaupt von dem Eingang der Anzahlung und evtl. des Akkreditivs abhängig gemacht (→ I.13.8).

Häufig muss der Käufer auch Vorleistungen bringen (technische Angaben, Sicherheitsvorschriften usw.), die für die Konstruktion wesentlich sind. Hierbei ist wichtig, dass genau vertraglich festgelegt ist, bis wann der Käufer seine Angaben erbringen muss (z.B. *die ... Angaben müssen bis spätestens zwei Wochen nach Vertragsschluss beim Verkäufer fehlerfrei und vollständig vorliegen*).

Vorschlag für eine Formulierung:

Verzögerungen in der finanziellen Abwicklung oder bei anderen Mitwirkungspflichten durch den Käufer berechtigen den Verkäufer zu einer entsprechenden Verschiebung seiner Liefer- und Leistungstermine. Dasselbe gilt, wenn der Verkäufer eine behördliche Genehmigung nicht rechtzeitig erhält.

Any delay on the part of the Buyer in the fulfilment of his financial obligations or other assistance duties will cause an equivalent extension of the delivery period. The same shall apply, if the Seller doesn't receive an official approval in time.

Die vorgeschlagene Formulierung hat den Vorteil, dass sie sich auf alle Zahlungs- und auch Mitwirkungstermine bezieht. Der Kunde liefert zum Beispiel Unterlagen nicht rechtzeitig, oder: Lieferung ab Werk, der Käufer holt zu spät ab – es verschieben sich die späteren Termine.

Falls der Kunde mit einer Zahlung im Verzug ist, hat der Verkäufer bei der o.g. Formulierung zwei Möglichkeiten: a) er mahnt ihn zu Zahlung unter Hinweis auf die Lieferverzögerung oder b) er wartet ab und der Liefertermin verschiebt sich weiter. Dies ist besonders bei „engen" Lieferterminen zu empfehlen!

Verzögerungen entstehen auch, wenn der Käufer eine notwendige Genehmigung nicht rechtzeitig erhält. Man kann natürlich auch das In-Kraft-Treten des Vertrages davon abhängig machen (→ I.13.8).

Der Käufer hat die ...-Genehmigung einzuholen und den Verkäufer hiervon unverzüglich per Fax zu informieren. Sollte die Information nicht innerhalb von ... Wochen nach In-Kraft-Treten des Vertrages beim Verkäufer eintreffen, verschiebt sich der Liefertermin entsprechend. Sollte die Information nicht innerhalb von ... Monaten nach In-Kraft-Treten beim Verkäufer eintreffen, ist dieser berechtigt, vom Vertrag zurückzutreten oder die Preise angemessen zu erhöhen.

The Buyer shall obtain the ... authorization and inform the Seller immediately hereof per fax. If such information shall not be received by the Seller within ... weeks after the entry into force of this Contract, the time of delivery shall be extended accordingly. If the information shall not be received by the Seller within ... months after the entry into force of this Contract, the Seller shall be entitled to rescind the contract or to increase the contract price reasonably.

Natürlich kann der Lieferzeitpunkt auch direkt vom Eingang der Anzahlung und/oder des Akkreditivs und/oder des Eingangs einer Genehmigung abhängig gemacht werden:

Die Lieferung erfolgt ... Wochen, nachdem die Anzahlung und das vertragsgemäße Akkreditiv und die ... Genehmigung *(wenn die Genehmigung vom Käufer einzuholen ist: ...* und die schriftliche Information über den Eingang der ... Genehmigung beim Verkäufer) eingegangen sind.

Delivery shall be effected ... weeks after the Seller's receipt of the down payment and the letter of credit in accordance with the contract and the ... authorization (wenn die Genehmigung vom Käufer einzuholen ist: *... and the written information of the Seller about the receipt of the authorization*).

Diese Formulierung hat jedoch den betriebsinternen Nachteil, dass die mit der Abwicklung befassten Stellen nicht den Liefertermin unmittelbar aus dem Vertrag ersehen können. Man muss dann darauf achten, die beteiligten Abteilungen intern von den entsprechenden Daten zu informieren.

Grundsätzlich ist der Verkäufer nicht zu Teillieferungen berechtigt. Wenn er auf Teillieferungen Wert legt, sollte er deren Zulässigkeit vereinbaren:

Teillieferungen sind zulässig.
Partial delivery may be permitted.

6.2 Allgemeines zum Verzug

Nach der Schuldrechtsreform haben sich im BGB auch die Voraussetzungen für Verzug geändert. Wenn es im Vertrag heißt: „Lieferung ein Monat nach Eingang der Anzahlung“ und die Anzahlung geht am 5.10. ein, dann muss man am 5.11. liefern, sonst ist man auch ohne Mahnung im Verzug. Vor der Schuldrechtsreform bedurfte es in diesen Fällen noch einer Mahnung.

Diese neue Rechtslage, wonach es keiner Mahnung bedarf, gilt auch immer schon nach CISG.

6.3 Verzugszeitpunkt

Oft findet man Formulierungen wie: *Kommt der Verkäufer in Verzug, kann der Käufer …* Dabei kann fraglich sein, welcher Termin eigentlich gemeint ist, denn meist gibt es mehrere vertragliche Termine, z.B. Vorabnahme im Werk des Verkäufers, Lieferung, Montagebeginn, Endabnahme usw. Welcher Verzug bei welchem Termin ist dann gemeint? Und: wenn man bei einem früheren Termin in Verzug kommt, dann kommt man meistens auch bei den nachfolgenden Terminen in Verzug.

Um solche Probleme zu vermeiden, sollte der Verzugstermin genau bestimmt sein:

So sollte es bei einer Lieferung EXW nicht heißen: *Kommt der Verkäufer mit der Lieferung in Verzug,* denn die Lieferung dauert bis zur Ankunft der Ware beim Kunden und der Verkäufer muss die Ware nur zum Versand bereithalten (→ I.6.1). Sondern es sollte heißen: *Kommt der Verkäufer mit der Mitteilung der Versandbereitschaft in Verzug, …*

Für den Verkäufer stellt sich die Frage, für welchen Termin die Verzugsregelung gelten soll. Soll auch bei einem Anlagengeschäft die Montage beim Kunden durchgeführt werden, wird es dem Käufer vor allem auf die pünktliche Abnahme der Gesamtanlage ankommen. Wenn der Verkäufer die Montage weitgehend unter Kontrolle hat, kann der Abnahmetermin auch für ihn günstiger sein. Denn wenn der Verkäufer bei der Lieferung verspätet ist, kann er bei der Montage durch Mehrarbeit evtl. noch aufholen. Andererseits ist die Montage oftmals von vielen Faktoren abhängig, die vom Verkäufer nicht beeinflusst werden können. In diesem Fall wird es oft günstiger sein, den Zeitpunkt der Lieferung als verzugauslösend anzusehen.

6.4 Bezugnahme

Wenn man viele gleichartige Gegenstände liefert, kann es günstig sein, die Verzugsregelung nur auf die verspäteten Teile zu beziehen. Voraussetzung ist jedoch bei Absicherung durch Akkreditiv, dass es sich um ein Teillieferung zulassendes Akkreditiv handelt.

Kommt der Verkäufer mit der Lieferung in Verzug, kann der Verkäufer für jede vollendete Woche … % des Ab-Werk-Preises der verspäteten Teile verlangen.

If the Seller fails to meet the delivery date, the Seller shall pay to the Buyer an amount equal to … % of the ex-works-price of the delayed partial shipment.

Ähnliches gilt, wenn der Verkäufer mehrere voneinander unabhängige gleichartige Produktionslinien liefert. Dann kann der Käufer, wenn sich der Verkäufer nur mit einem Teil in Verzug befindet, vielleicht eine früher gelieferte Produktionslinie schon benutzen:

Kommt der Verkäufer mit der Lieferung in Verzug, kann der Verkäufer für jede vollendete Woche ... % des Ab-Werk-Preises des Teils der Lieferung verlangen, der durch die Verspätung nicht benutzt werden kann.

If the Seller fails to meet the delivery date, the Seller shall pay to the Buyer an amount equal to ... % of the ex-works-price of those parts of the delivery which cannot be used as a result of the delay.

6.5 (Pauschalierter) Schadensersatz oder Pönale (= Verzugsstrafe)?

Nach BGB und CISG haftet man im Verzugsfall im Allgemeinen nur, wenn dem Käufer ein Schaden entstanden ist. Es kommt jedoch oft vor, dass eine Verspätung dem Käufer sogar entgegenkommt. Zum Beispiel soll eine zu liefernde Anlage in ein neu erbautes Fabrikgebäude eingebracht werden; dieses ist jedoch noch gar nicht fertig. In diesem Fall ist dem Käufer auch kein Schaden entstanden und der Verkäufer muss bei Verzug nicht zahlen.

Anders sieht es aus, wenn eine Pönale (Verzugsstrafe) vereinbart ist (z.B.: *Im Falle des Verzuges hat der Verkäufer pro vollendete Woche 0,5 % des Ab-Werk-Preises zu zahlen.*) In diesem Fall muss eine Zahlung geleistet werden, unabhängig davon, ob ein Schaden entstanden ist. Fazit: Pönalen (Vertragsstrafen) sind auch zu zahlen, wenn dem Vertragspartner kein Schaden entstanden ist.

Günstiger ist es natürlich für den Verkäufer, wenn er nur im Falle eines Schadens zahlen muss. Deshalb sollte die vorgenannte Formulierung wie folgt ergänzt werden:

Im Falle des Verzuges hat der Verkäufer pro vollendete Woche 0,5 % des Ab-Werk-Preises zu zahlen, falls dem Käufer ein Schaden entstanden ist.

Bei dieser Formulierung haftet man also nur bei einem Schaden, den der Käufer natürlich nachzuweisen hat, und nur in einem pauschalierten Umfang.

Nach anglo-amerikanischem Recht ist die Vereinbarung von Vertragsstrafen unzulässig. Zulässig ist jedoch die Vereinbarung von pauschaliertem Schadensersatz („liquidated damages“).

6.6 Höhere Gewalt

Nach BGB und CISG (Art. 79) kommt man nicht in Verzug bei Vorliegen Höherer Gewalt, sondern nur bei Verschulden, wobei man allerdings auch für ein Verschulden der Unterlieferanten einstehen muss, da sie Erfüllungsgehilfen sind. Man muss jedoch den Eintritt der Höheren Gewalt dem Vertragspartner innerhalb einer angemessenen Frist mitteilen.

Nach dem unvereinheitlichten Recht mancher Länder kann allerdings ein Verzugsschaden auch zu zahlen sein, wenn Höhere Gewalt vorliegt. Deshalb sollte man routinemäßig die Zahlung einer Verzugsstrafe oder eines Schadensersatzes nur für den Fall vereinbaren, dass der Verzug durch Verschulden des Verkäufers verursacht wurde.

6.7 Deckelung

Laut Gesetz (BGB und CISG) haftet man im Verzugsfall in unbegrenzter Höhe. Der Verzugsschaden kann sehr hoch sein. Beispiel: Ein Lieferant versendet eine Maschine nicht rechtzeitig, auf der Teile für die Automobilindustrie produziert werden. Der Kunde muss diese Teile anderweitig teurer fertigen lassen und wird seinerseits mit einer hohen Vertragsstrafe belastet. Außerdem erfindet der Kunde oft „abenteuerliche" Berechnungen seines Verzugsschadens. Deswegen ist es ratsam, im Vertrag eine ausdrückliche Begrenzung des Verzugsschadens zu vereinbaren.

Vor allem bei Vereinbarung einer Pönale (z.B. *0,5 % pro Woche, höchstens 5 %*) ist damit noch nicht die Obergrenze erreicht. Wenn der Käufer einen Schaden nachweisen kann, der höher ist als die vereinbarte Pönale (... *höchstens 5 %* ...), kann er einen höheren Schaden verlangen.

Das Wichtigste einer Verzugsregelung ist deshalb die Deckelung: *Weitere Ansprüche wegen Verzugs sind ausgeschlossen.* Diesen Satz sollte man nie vergessen!

Es kann natürlich auch eine Deckelung aller Ansprüche vertraglich vereinbart werden (→ I.8.8).

6.8 Weitere Punkte

- Die Bezugnahme auf den Ab-Werk-Preis ist naturgemäß vorteilhafter als die Bezugnahme auf den gesamten Vertragspreis. Dies gilt vor allem für die Begrenzung auf eine Höchstsumme.
- Man sollte an eine Karenzzeit denken, in der eine Verspätung unbeachtlich bleibt.
- Die Bezugnahme auf jede vollendete Woche ist besser als auf jede angefangene Woche.

6.9 Beispiel für Verzugsformulierung

Kommt der Verkäufer mit der Lieferung in Verzug, so kann der Käufer nach einer Karenzzeit von zwei Wochen für jede vollendete Woche der Verspätung 0,5 %, höchstens jedoch insgesamt 5 % des Ab-Werk-Preises verlangen, falls der Verzug durch Verschulden des Verkäufers verursacht wurde und dem Käufer ein Schaden entstanden ist. Weitere Ansprüche wegen Verzugs sind ausgeschlossen.

If the Seller fails to meet the delivery date for reasons attributable to the Seller, the Seller shall pay to the Buyer, after a grace period of two weeks, an amount equal to 0,5 % for each complete week of delay but not more than an aggregate of 5 % of the ex-works-price as liquidated damages, provided that such delay has actually caused damage to the Buyer. Any further claims because of delay are excluded.

6.10 Höhere-Gewalt-Klausel

Für den Fall, dass Sie doch einmal eine Höhere-Gewalt-Klausel benötigen, folgt hier ein Vorschlag. Im Englischen empfiehlt es sich, bei höherer Gewalt den Ausdruck „Force Majeure" zu benutzen und nicht „Acts of God", da Letzterer Arbeitskämpfe nicht umfasst:

Höhere Gewalt ist jedes außergewöhnliche Ereignis, welches bei Vertragsabschluss nicht vorhersehbar war und auch bei der Beachtung der erforderlichen Sorgfalt nicht abgewendet werden kann, z.B. Naturereignisse, Kriege, Arbeitskämpfe usw. Das gilt auch dann, wenn die außerordentlichen Ereignisse bei Unterlieferanten eintreten.

Während der Dauer der höheren Gewalt werden die vertraglichen Rechte und Pflichten suspendiert. Die betroffene Partei informiert die andere Partei unverzüglich über Eintritt, Ursache der Verzögerung und später über deren Beendigung. Falls die höhere Gewalt ununterbrochen über einen Zeitraum von mindestens 6 Monaten andauert, treffen beide Parteien eine Vereinbarung über die weitere Abwicklung des Vertrages *(schärfere Formulierung: ...,* ist die andere Partei berechtigt, den Vertrag durch schriftliche Kündigung aufzuheben). Falls eine Einigung nicht zustande kommt, entscheidet das unter Ziff. ... vorgesehene Schiedsgericht.

As cases of force majeure are considered all such events that are unforeseeable by the parties at the time of conclusion of the contract and are unavoidable even with due observance of the necessary care, such as acts of God, war and labour disputes. This shall also apply if such events occur with sub-contractors.

During the period of force majeure the contractual obligations and rights shall be suspended. The party concerned shall inform the other party without delay on the beginning and the cause of the delay and later on the cessation thereof. If force majeure lasts for more than 6 months, both parties will make a decision with respect to the further execution of the contract (schärfere Formulierung: ..., *the other Party shall be entitled to rescind the*

Contract in writing). If the parties do not come to an agreement, either party may bring the matter before the contractual arbitration tribunal.

6.11 Untersuchung der gelieferten Ware

Sowohl nach HGB wie auch nach CISG ist der Käufer verpflichtet, die Ware bei ihrem Eingang zu untersuchen und eventuelle Abweichungen sofort zu rügen. Diese Obliegenheit soll innerhalb „angemessener Frist" erfolgen und die Rüge kann auch mündlich erfolgen. Um eventuelle Streitigkeiten über die Angemessenheit der Frist und des Nachweises einer mündlichen Rüge zu vermeiden, empfiehlt sich eine klare Festlegung:

Der Käufer ist verpflichtet, die gelieferte Ware unverzüglich nach Erhalt auf ihre Vereinbarkeit mit dem Vertrag zu untersuchen. Falls die Ware nicht mit den vertraglichen Anforderungen übereinstimmt, hat der Käufer den Verkäufer innerhalb 14 Tagen nach Erhalt über die Abweichungen per Fax zu benachrichtigen. Dabei hat er die Abweichungen genau zu spezifizieren.

The Buyer shall examine the delivered products immediately after receipt in every respect for any non-conformity with the Contract. The Buyer shall give notice to the Seller by fax of any non-conformity with the Contract within 14 days after receipt of the products specifying in detail the non-conformity.

7 Abnahme

7.1 Probleme bei der Abnahme

Oftmals wird eine Abnahme im Werk des Kunden verlangt, woran die Zahlung einer Kaufpreisrate und der Beginn der Gewährleistung geknüpft ist. Die letzte Rate ist oft nicht durch Akkreditiv abgesichert. Außerdem verschiebt sich durch eine Verzögerung der Abnahme auch der Beginn der Gewährleistung. Deshalb hat der Verkäufer oft Schwierigkeiten, ein unterschriebenes Abnahmeprotokoll zu bekommen. Bei jedem Abnahmeversuch werden kleine Mängel gefunden. Oft produziert die Anlage auch schon einige Zeit auf vollen Touren.

Seit dem 1.4.2000 ist im BGB-Werkvertragsrecht ausdrücklich geregelt, dass die Abnahme bei unwesentlichen Mängeln nicht verweigert werden darf (zur Zahlung → I.5.4). Es empfiehlt sich, diese Regelung entsprechend ausdrücklich im Vertrag aufzunehmen. Eventuell kann man auch erreichen, dass die Abnahme auszusprechen ist, wenn nur z.B. 95 % der vertraglichen Leistung erreicht wird. Wenn der Käufer die Anlage in Betrieb nimmt, sollte dies vertraglich als Abnahme bewertet werden.

7.2 Formulierung der Abnahme

Nach Abschluss der Arbeiten meldet der Verkäufer dem Käufer schriftlich die Abnahmebereitschaft. Der Käufer wird innerhalb von fünf Werktagen die Abnahme erklären oder unter schriftlicher Darlegung der Gründe die Annahme verweigern. Die Abnahmebescheinigung kann nicht verweigert werden bei geringfügigen Mängeln, die die ordnungsgemäße Funktion der Maschine/Anlage nicht oder nicht wesentlich beeinträchtigen, und wenn sich der Verkäufer verpflichtet, diese unverzüglich zu beseitigen.

Verstreicht die 5-Tagesfrist, ohne dass eine der beiden vorgenannten Erklärungen bei dem Verkäufer eingehen, so gilt die Maschine/Anlage als abgenommen. Die Maschine/Anlage gilt außerdem als abgenommen, wenn der Käufer sie ohne schriftliches Einverständnis des Verkäufers in Gebrauch nimmt.

After termination of erection the Seller shall notify the Buyer in writing of his readiness for acceptance. Within 5 working days the Buyer shall declare acceptance or refuse the acceptance stating in writing all the defects leading to his refusal. Acceptance cannot be refused in case of minor defects that will not impair significantly the functioning of the machine/plant if the Seller agrees to remedy them without delay.

Should the Buyer fail to provide the Seller within 5 working days with one of the abovementioned declarations, the machine/plant shall be deemed to be accepted. The machine shall also be deemed to be accepted, if the Buyer takes it into use without written approval of the Seller.

Oftmals zögert der Käufer die Abnahme heraus, indem er die Mängel „scheibchenweise" geltend macht. Hier empfiehlt sich folgender Satz:

Sollte der Käufer die Abnahme verweigern, ist er verpflichtet, alle ihm bekannten Mängel oder sonstigen Einwendungen, die er zur Verweigerung der Abnahme geltend machen will, darzulegen. Andere als die angezeigten Mängel oder Einwendungen berechtigen zu einer späteren Abnahmeverweigerung nur, wenn diese dem Käufer nachweislich erst später bekannt geworden sind.

Should the Buyer refuse acceptance, he shall be obliged to state all defects known to him and all other objections which he may raise to refuse the acceptance. Other defects and objections not stated before, shall only entitle the Buyer to a later refusal, if the Buyer proves that they have been ascertained later.

7.3 Mitwirkung des Kunden bei der Abnahme

Es ist wichtig, Mitwirkungspflichten des Käufers bei der Abnahme genau zu definieren:

- Beistellung von Energie, Wasser, Hebezeugen;
- Beistellung von Arbeitskräften (ungelernte/gelernte: Qualifikation benennen);
- Wenn Material zur Erfüllung der Abnahme zu verarbeiten ist, empfiehlt es sich, dessen Qualität genau zu definieren. Oft weicht dann dieses Material von demjenigen qualitätsmäßig ab, welches vor Vertragsabschluss als Muster übergeben wurde. Manchmal hilft ein Zusatz, dass der Verkäufer berechtigt ist, selbst das entsprechende Material bei der Abnahme beizusteuern und zu verwenden.

7.4 Nichterreichen der vollen Leistung

Grundsätzlich muss bei der Abnahme die vertraglich vereinbarte Leistung zu 100 % erbracht werden. Dies kann bei hochkomplizierten Anlagen zu Schwierigkeiten führen. Was dann: Rücktritt vom Vertrag oder Schadensersatz für Minderleistung für x Jahre? Besser, man hat auch diesen Fall geregelt. Beispiel:

Bei einer berechtigten Verweigerung der Abnahme ist der Verkäufer verpflichtet, die Anlage auf eigene Kosten entsprechend nachzubessern, wozu ihm der Käufer unverzüglich Gelegenheit geben muss, und innerhalb einer angemessenen Frist erneut seine Bereitschaft zur Durchführung der Leistungsnachweise zu melden.

Sollte der zweite Abnahmeversuch ebenfalls fehlschlagen aus Gründen, die der Verkäufer zu vertreten hat, muss der Verkäufer innerhalb einer angemessenen Frist einen dritten Versuch starten.

Sollten auch bei dem dritten Abnahmeversuch aufgrund des Verschuldens des Verkäufers die in Ziff. ... des Vertrages vereinbarten Leistungen nicht erzielt werden *(eventuell sind diese näher zu definieren)*, treten unter Ausschluss weiterführender Ansprüche folgende Kaufpreisminderungen – bezogen auf den Vertragspreis – in Kraft:

Bei einer Unterschreitung der vertraglich vereinbarten Leistung um	beträgt der Abzug vom Vertragspreis je Prozent Minderleistung
1–5 %	1,0 %
6–10 %	1,5 %

Falls die vereinbarte Leistung nur zu weniger als 90 % erreicht wird, ist der Käufer berechtigt, gemäß Ziff. *(siehe unten ...)* vom Vertrag zurückzutreten, falls die Parteien keine andere Einigung finden können.

If refusal of acceptance is justified, the Seller will undertake to make corrections on the line at his own cost – the Buyer allowing him to do so immediately – and the Seller will notify again his readiness for acceptance within a reasonable period of time.

Should the second acceptance test also fail for reasons attributable to the Seller, the Seller shall make a third attempt within a reasonable period of time.

If even during the third acceptance test run the agreed performance parameters according to paragraph ... (eventuell ist dies näher zu definieren) *are not attained for reasons attributable to the Seller than the Buyer may, and excluding any additional warranty and/ or liability whatsoever of the Seller, deduct the following amounts from the contract price, to the exclusion of any further claims:*

If the reached capacity fails the agreed capacity for	*the reduction of the contract price will amount to (per percent of reduced capacity)*
1–5 %	*1,0 %*
6–10 %	*1,5 %*

If the capacity actually reached is less than 90 % of the agreed upon capacity, the Buyer shall be entitled to terminate the contract, if the parties cannot reach an agreement on a relevant adaptation of the contract.

8 Gewährleistung und Haftung

8.1 Mangelbegriff

In erster Linie muss die gelieferte Ware genau den vertraglichen Festlegungen entsprechen. Wenn z.B. ein bestimmter Ausstoß pro Minute vorgeschrieben ist und dieser nicht erreicht wird, liegt ein Mangel vor. Die Festlegungen können sich auch aus Prospekten und anderem Werbematerial ergeben (will man dies vermeiden → I.2.5). Im Übrigen muss sich die gelieferte Ware für die gewöhnliche Verwendung von Sachen der gleichen Art eignen.

Schlecht ist folgende Formulierung: *Wir haften für eine Ausführung nach dem derzeitigen Stand der Wissenschaft und Technik,* da selbst gute Techniker den letzten Stand (der Konkurrenz) oft nicht kennen. Besser ist die Formulierung: *Wir haften für eine Ausführung nach dem uns bekannten Stand der Technik im Zeitpunkt des Vertragsabschlusses.*

Oftmals liest man, dass Verschleißteile von der Gewährleistung ausgenommen sind. Dies ist streng genommen nicht möglich, da auch Verschleißteile ihren Zweck erfüllen müssen, aber nur für eine kürzere Zeit. Man kann dies so ausdrücken: *Verschleißteile unterliegen einer entsprechend kürzeren Gewährleistung.* Manchmal empfiehlt es sich, eine Liste der Verschleißteile beizufügen mit der definierten kürzeren Gewährleistungszeit.

8.2 Rechtsfolgen bei Mängeln

Nach unvereinheitlichtem deutschen Kaufrecht (BGB) hat der Käufer jetzt nach der Schuldrechtsreform folgende Möglichkeiten bei mangelhafter Lieferung:

- Anspruch auf Beseitigung des Mangels
- Anspruch auf Lieferung einer mangelfreien Sache

Diese Rechte kann der Käufer nach seiner Wahl ausüben, es sei denn, die gewählte Art ist mit unverhältnismäßigen Kosten verbunden. Im Gegensatz dazu hat beim Werkvertrag nicht der Kunde, sondern der Werkunternehmer das Wahlrecht, ob er den Mangel beseitigen oder eine mangelfreie Sache liefern will.

Nach CISG hat der Käufer bei Mängeln folgende Rechte:

- in erster Linie Nachbesserung
- Minderung, wenn ein Fehler nicht innerhalb einer angemessenen Frist beseitigt wird
- Ersatzlieferung bei „wesentlicher Vertragsverletzung"
- Aufhebung des Vertrages bei „wesentlicher Vertragsverletzung"

Ein Mangel stellt eine „wesentliche Vertragsverletzung" dar, wenn es für den Käufer nicht zumutbar ist, die fehlerhafte Ware zu verwenden.

Daneben hat der Verkäufer auch Anspruch auf Schadensersatz – nach BGB nur bei verschuldeten Mängeln, nach CISG auch, wenn die Mängel nicht verschuldet sind. Damit haftet der Käufer für entgangenen Gewinn und Produktionsausfall (z.B. weil eine Maschine steht, bis sie repariert ist), wenn er dies nicht vertraglich ausgeschlossen hat.

Es empfiehlt sich, vertraglich festzulegen, dass fehlerhafte Teile nach Ermessen des Verkäufers (und nicht des Käufers) zu reparieren oder neu zu liefern sind.

8.3 Dauer der Gewährleistung

Nach der Schuldrechtsreform (BGB) „verjähren" die Mängelansprüche des Käufers in der Regel in zwei Jahren ab „Ablieferung" (dies ist i.d.R. identisch mit der Übergabe). Der Käufer muss somit seine Ansprüche innerhalb zwei Jahren mitteilen und eventuell gerichtlich geltend machen, falls sie nicht vom Verkäufer anerkannt werden.

Die Gewährleistungsdauer beträgt nach CISG zwei Jahre. Die Verjährung der innerhalb dieser Frist ordnungsgemäß angezeigten Gewährleistungsansprüche richtet sich nach unvereinheitlichtem nationalen Recht, z.B. Frankreich: bis zehn Jahre, USA: vier Jahre nach Lieferung.

Wenn also USA-Recht vereinbart wurde, gilt somit in erster Linie CISG. Wenn in einem Vertrag die gesetzliche Gewährleistung von zwei Jahren zugrunde gelegt wurde und der Käufer hat innerhalb dieser zwei Jahre einen Mangel gerügt, den der Verkäufer nicht anerkennt, so hat der Käufer vier Jahre nach Lieferung Zeit, die Sache gerichtlich klären zu lassen.

Wenn der Verkäufer eine kürzere Gewährleistungsdauer als zwei Jahre und eine kürzere Verjährungsfrist anstrebt, muss er dies ausdrücklich vereinbaren.

Man kann die Dauer der Gewährleistung auch von der Anzahl der zu fahrenden Schichten abhängig machen.

Oft wird vertraglich der Beginn der Gewährleistung von einer Abnahme abhängig gemacht. Dies sieht übrigens auch das BGB-Werkvertragsrecht vor. Bekanntlich ist das Erzielen einer schnellen Abnahme nicht nur von der Tüchtigkeit des Verkäufers abhängig, sondern auch z.B. vom Willen des Käufers, z.B. kann eine Maschine noch nicht montiert werden, weil die Produktionshalle noch nicht steht. Deshalb ist immer eine Spätestfrist (→ I.8.6) zu empfehlen:

Die Dauer der Gewährleistung beträgt 12 Monate nach Abnahme; sie endet jedoch in jedem Fall 18 Monate nach Lieferung *(bei einer Lieferung EXW: ...* nach Anzeige der Versandbereitschaft ...), es sei denn, die Abnahme verzögert sich aus Gründen, die der Verkäufer zu vertreten hat.

The warranty period shall be 12 months from the date of acceptance but shall expire in any case 18 months from the date of delivery (bei einer Lieferung EXW: *... from the date of readiness for shipment) unless acceptance is delayed for reasons attributable to the Seller.*

Oft wird ausdrücklich vereinbart, dass sich die Gewährleistungsdauer um die Dauer der durch den Mangel verursachten Betriebsunterbrechung verlängert, z.B.: *Die Gewährleistungsdauer verlängert sich um die Zeit, die die Anlage zusammenhängend um mehr als zwei Wochen stillsteht aus Gründen, die der Verkäufer zu vertreten hat.*

8.4 Mängelrüge durch den Käufer

In jedem Fall muss der Kunde (sowohl nach BGB/HGB wie auch nach CISG) die Ware nach Erhalt innerhalb einer kurzen Zeit einer genauen Eingangskontrolle unterziehen und dabei entdeckte Mängel sofort rügen. Andernfalls kann er sich nachher nicht mehr auf diesen Mangel berufen. Auch wenn sich später ein Mangel zeigt, muss er diesen sofort rügen. Eine pauschale Rüge (z.B. „die Ware ist schlecht“) genügt nicht.

Es ist sinnvoll, den Käufer zu verpflichten, dem Verkäufer auch noch die mögliche Ursache eines Mangels mitzuteilen. Dies erspart dem Verkäufer u.U. einen vergeblichen Monteurseinsatz.

8.5 Folgeschäden

Beispiel: Die Steuerung eines Schweißroboters an einem Automontageband versagt infolge eines Mangels und statt brav zwei Blechteile miteinander zu verbinden, schlägt der Roboter einmal um sich, verletzt einen Arbeiter und beschädigt das auf dem Band stehende Auto. Mögliche Ansprüche:

a) Auf Reparatur der fehlerhaften Steuerung selbst: Diese fällt unter die Gewährleistung. Es handelt sich somit um einen vertraglichen Anspruch.

Daneben sind aber Folgeschäden möglich:

b) Entgangener Gewinn und Produktionsausfall: Bis der (hoffentlich vorhandene) Ersatzroboter herbeigeschafft ist, steht das Band und damit die Produktion still. Dies ist ebenfalls ein vertraglicher Anspruch.

c) Körperschäden: Der Arbeiter wird verletzt: Dies ist ein Fall der gesetzlichen Produkthaftung (→ I.9).

d) Sachschäden an fremden (= nicht vom Verkäufer gelieferten) Sachen: Das auf dem Band stehende Auto wird beschädigt. Dies ist ebenfalls ein Fall der gesetzlichen Produkthaftung (→ I.9).

In den meisten Fällen kann jedoch der Schadensersatzanspruch gemäß b) auf entgangenen Gewinn und Produktionsausfall vertraglich ausgeschlossen werden (Vorsicht, wenn für den Vertrag französisches Recht vereinbart wurde: → I.1.8). Entweder vereinbart man den Ausschluss dieser Folgeschäden im Zusammenhang mit der Gewährleistung oder (besser, wenn vertraglich durchsetzbar) man vereinbart einen generellen Folgeschadenausschluss für den ganzen Vertrag (→ I.8.7). Dieser Ausschluss von Folgeschäden kann für den Verkäufer von existenzieller Bedeutung sein. Der Verkäufer liefert bspw. eine kleine Maschine in einer verketteten Fabrik. Bis die Maschine repariert ist, steht die gesamte Anlage.

Argumente für die Ablehnung dieser Schäden: Nur der Kunde kann die Kosten in den Griff bekommen – wenn infolge eines Mangels die Produktion steht, kann er z.B. während dieser Zeit Überstunden abbauen. Außerdem kann der Kunde z.B. eine Betriebsunterbrechungsversicherung abschließen – während es für den Verkäufer kaum möglich ist, für diese Schäden eine Versicherung zu bekommen. Zu den Schadensersatzansprüchen gemäß c) und d) → I.9 (Produkthaftung).

Wenn der Käufer jedoch unbedingt darauf besteht, dass der Verkäufer für Folgeschäden haftet, sollte man in jedem Fall an eine Deckelung denken (→ I.8.8). Z.B. *Der Verkäufer haftet für nachgewiesene Folgeschäden wie Produktionsausfall und entgangenen Gewinn, jedoch maximal bis 5 % des Lieferwertes.*

8.6 Formulierungsbeispiel für Gewährleistung bei Maschinenlieferungen

Der Verkäufer haftet dafür, dass die von ihm gelieferte Ware frei von Fehlern ist.

Der Verkäufer hat fehlerhafte Teile nach seinem Ermessen zu reparieren oder neu zu liefern – auch bei wesentlichen Fehlern. Dabei hat er alle diesbezüglichen Kosten des Ersatzteils, des Transports sowie für den Aus- und Einbau zu tragen. Jegliche weiteren Ansprüche wie entgangener Gewinn, Ersatz von Produktionsausfall usw. sind ausgeschlossen. *(Evtl.:* Dieser Haftungsausschluss gilt nicht für Personenschäden; für Sachschäden haftet der Verkäufer nur im Rahmen der Leistungen seiner Haftpflichtversicherung).

Falls der Verkäufer die Reparatur nicht innerhalb einer angemessenen Frist durchgeführt hat oder falls die Betriebssicherheit gefährdet ist oder falls größere Schäden drohen, kann der Verkäufer nach schriftlicher Benachrichtigung des Verkäufers die Reparatur selbst durchführen oder von einem Dritten durchführen lassen und die Kosten dem Käufer auferlegen.

Der Käufer hat dem Verkäufer eventuelle Mängel unverzüglich schriftlich mitzuteilen und die Art der Mängel sowie die mögliche Ursache genau zu bezeichnen.

Die Dauer der Gewährleistung beträgt 12 Monate nach Lieferung (oder nach Abnahme; in diesem Fall ist zu ergänzen: Sie endet jedoch in jedem Fall 15 Monate nach Anzeige der Versandbereitschaft, es sei denn, die Abnahme verzögert sich aus Gründen, die der Verkäufer zu vertreten hat). Verschleißteile unterliegen einer entsprechend kürzeren Gewährleistung *(evtl.:* Verschleißteile unterliegen einer kürzeren Gewährleistung gemäß beigefügter Liste).

Das Recht, Ansprüche aus Mängeln geltend zu machen, verjährt in allen Fällen vom Zeitpunkt der Kenntnis des Mangels an in 6 Monaten *(auf Kundenwunsch kann man ergänzen: „...* jedoch nicht vor Ablauf der Gewährleistungsfrist.")

The Seller warrants that the goods supplied by him will be free from defects.

Defective parts shall be repaired or replaced by the Seller at his discretion – even if the defects are substantial. All cost arising from replacement parts, transportation, as well as for dismantling and installation shall be borne by the Seller. The Seller shall not be liable for consequential, indirect or incidental damages, including without limitation loss of profit and production. (Evtl.: *This shall not apply on damages to persons. For damages to property the Seller shall only be liable within the scope of the benefits of his liability insurance).*

If the Seller fails to carry out a repair within a reasonable time or if the operational safety is jeopardized or major damages are impending, Buyer may make such repair by himself or by a third party after giving notice in writing to the Seller and charge the cost to Seller's account.

The Buyer shall notify Seller in writing immediately on occurrence of a defect informing the Seller in detail of the nature and the probable cause of the defect.

The warranty period shall be 12 months from the date of delivery (oder: *from the date of acceptance;* in diesem Fall ist zu ergänzen: *but shall expire in any case 15 months from the date of readiness for shipment unless acceptance is delayed for reasons attributable to the Seller). For parts subject to ware and tare the warranty period shall be appropriately shorter* (evtl.: *For parts subject to ware and tare the warranty period shall be shorter according to the list attached hereto).*

Any claim based on an alleged defect shall be statute-barred if not asserted within 6 months from its discovery (auf Kundenwunsch kann man ergänzen: *however, not before expiry of the warranty period).*

Es kann sich auch empfehlen, ausdrücklich andere Haftungsausschlüsse zu erwähnen:

Der Verkäufer haftet nicht für Fehler, die durch Teile entstehen, die der Verkäufer nicht geliefert hat, bei Änderungen ohne schriftliche Zustimmung des Verkäufers, bei nicht fachgerecht ausgeführten Reparaturen durch den Käufer oder bei normaler Abnutzung.

The Seller shall not be liable for defects caused by parts not supplied by him, modifications made without his written consent, repairs carried out by the Buyer in an inappropriate manner or for normal wear.

8.7 Folgeschadenausschlussklausel

Falls dies vertraglich durchsetzbar ist, empfiehlt es sich, eine allgemeine Ausschlussklausel für Folgeschäden zu vereinbaren. Dann spart man es sich, bei den einzelnen Klauseln jeweils den Ausschluss von Folgeschäden zu erwähnen (insbesondere bei Verzug, Gewährleistung und Patentverletzung). Dies gilt insbesondere in Bezug auf Produktionsstillstand und entgangenen Gewinn.

Nicht ausschließen kann man z.B. gesetzliche Ansprüche Dritter wegen Körperverletzung aufgrund von Mängeln. In Bezug auf Sachschäden beim Vertragspartner sollte man seine Haftung auf die Leistung seiner Haftpflichtversicherung begrenzen, da auch die Sachschäden sehr hoch sein können. Beispiel: Aus einer defekten Maschine läuft Öl, das sich entzündet und mehrere Gebäude in Brand steckt. Hier wird möglicherweise die Feuerversicherung des Käufers Zahlungen leisten, dann aber den Käufer zwingen, den Verkäufer in Regress zu nehmen.

Vorbehaltlich anders lautender Bestimmungen in diesem Vertrag ist die Haftung für Folgeschäden jeglicher Art ausgeschlossen, insbesondere für entgangenen Gewinn und Produktionsausfall. Dies gilt nicht für Personenschäden. Für Sachschäden haftet der Verkäufer nur im Rahmen der Leistungen seiner Haftpflichtversicherung.

The Seller shall not be liable for consequential, indirect or incidental damages, including without limitation loss of profit and production, except as expressly set out in this Contract. This shall not apply on damage to persons. For damage to property the Seller shall only be liable within the scope of the benefits of his liability insurance.

Vor allem in Verträgen mit US-amerikanischen Firmen ist es notwendig, die Folgeschäden für vertragliche Ansprüche zu begrenzen (zu den gesetzlichen Ansprüchen aus Produkthaftung → I.9). Dies gilt insbesondere bei Vereinbarung amerikanischen Rechts. Dabei muss der Folgeschadenausschluss hervorgehoben werden (z.B. durch Großschreibung). Beispiel:

SELLER EXPRESSLY DISCLAIMS ANY AND ALL EXPRESS OR IMPLIED WARRANTIES OTHER THAN THE WARRANTIES SET FORTH HEREIN INCLUDING THE WARRANTIES OF MERCHANTIBILITY AND FITNESS FOR A PARTICULAR PURPOSE. SELLER OR SELLER'S AFFILIATED COMPANIES SHALL NOT BE LIABLE FOR INDIRECT, INCIDENTIAL OR CONSEQUENTIAL DAMAGES OF ANY KIND INCLUDING BUT NOT LIMITED TO LOSS OF PRODUCTION OR LOSS OF PROFITS WITH RESPECT TO GOODS SOLD OR TECHNICAL SERVICES RENDERED BY THE SELLER OR SELLER'S AFFILIATED COMPANIES.

8.8 Schadensdeckelung

Empfehlenswert ist eine Klausel, die sämtliche möglichen Ansprüche (z.B. Schadensersatz wegen Verzugs, Folgeschäden bei Mängeln – falls nicht vertraglich ausgeschlossen, Verfügbarkeit) des Käufers deckelt und den Zeitpunkt für mögliche Klagen begrenzt:

Die Gesamthaftung des Verkäufers für Ansprüche auf Schadensersatz und Vertragsstrafen jeglicher Art (auch in Bezug auf Verspätung) ist begrenzt auf maximal ... % des Vertragspreises *(evtl. auf Wunsch des Käufers ergänzen: ...* ausgenommen die Haftung für Ansprüche Dritter*). Klagen des Käufers in Bezug auf Rechtshandlungen nach diesem Vertrag dürfen nicht später als 6 Monate nach Ende der Gewährleistungszeit erhoben werden.

Seller's aggregate liability for all claims of any kind, whether based on Contract, tort (including negligence), strict liability or otherwise, for all losses and damages arising out of, connected with or resulting from this Contract, its performance or breach (including indemnity, warranty and liquidated damages for delay and performance) shall not exceed ... % of the contract price (evtl. auf Wunsch des Käufers ergänzen: ... *excluding liability for claims of third parties*). No action regardless of form, arising out of the transactions under this contract may be brought by the Buyer more than 6 months after the end of the warranty period.*

* z.B. Ansprüche wegen Produkthaftung, Patentverletzung

9 Produkthaftung

9.1 Was heißt Produkthaftung?

Wie in I.8.5 ausgeführt, spricht man dann von Produkthaftung, wenn jemand verletzt wird oder eine fremde (d.h. eine andere als die gelieferte) Sache beschädigt wird. Man nennt die Ansprüche aus Produkthaftung auch „gesetzliche" Ansprüche, weil sie unmittelbar aufgrund Gesetzes gegeben sind und nicht weil ein Vertrag zwischen den Beteiligten besteht. Ein Kunde, der durch ein beim Händler erworbenes fehlerhaftes Produkt verletzt wird, hat schließlich keinen Vertrag mit dem Hersteller.

In Deutschland richten sich solche Ansprüche nach dem Produkthaftungsgesetz und der „Unerlaubten Handlung“ nach § 823 ff. BGB.

Die Produkthaftung richtet sich nach den Gesetzen des Landes, in dem sich der Vorfall ereignet. Wenn also eine Maschine in die USA ausgeliefert wird und aufgrund eines Mangels ein Arbeiter verletzt wird, so richten sich die Ansprüche nach dem Recht des Bundesstaates der USA, in dem sich der Vorfall ereignet hat. Dies gilt selbst dann, wenn die Maschine ohne das Wissen des Herstellers in die USA gelangt ist. Wenn die Maschine nach Indien ausgeliefert wurde, richtet sich die Produkthaftung nach indischen Gesetzen usw.

Da die Produkthaftung unabhängig von jeglicher Gewährleistung ist, kann sie sich auch viele Jahre noch auswirken, nachdem die Gewährleistung schon lange abgelaufen ist. Produkthaftung ist meist unabhängig vom Verschulden. Voraussetzung ist nur, dass ein Fehler vorhanden ist. Fehler können in der Konstruktion, Fabrikation oder Instruktion (fehlerhafte Gebrauchs- oder Betriebsanweisungen z.B. durch mangelnden Hinweis auf mögliche Gefahren) liegen.

Produkthaftung ist in erster Linie Herstellerhaftung. Somit haftet der Hersteller direkt gegenüber dem Geschädigten. In USA haften daneben auch die anderen in einer Lieferkette: Zulieferer einer fehlerhaften Bremse – Automobilhersteller – Importeur – örtlicher Händler.

9.2 Begrenzung der Produkthaftpflicht?

Die vertragliche Haftung für entgangenen Gewinn und Produktionsausfall kann man meist vertraglich ausschließen. Nicht ausschließen kann man die gesetzliche Haftung für Körperschäden, da der Verletzte nicht der Vertragspartner ist. Meist ausschließen kann man die Haftung an fremden Sachen, wenn diese dem Vertragspartner gehören. Denn auch hier kann ein erheblicher Schaden entstehen. Wenn z.B. aus einer an den Käufer gelieferten fehlerhaften Maschine Öl ausläuft, sich entzündet und die Halle dieses Kunden in Brand steckt.

Eventuell kann man die Haftung – vor allem in dem letztgenannten Fall – auch auf die Leistung der Versicherung begrenzen (→ I.8.7).

9.3 Betriebshaftpflichtversicherung (oder Produkthaftpflichtversicherung)

Produkthaftungsansprüche kann man meist versichern, und zwar durch die Betriebshaftpflichtversicherung (oder Produkthaftpflichtversicherung). Wesentlich sind ausreichende Deckungssummen und ein genügender Deckungsumfang.

Prüfen Sie in diesem Zusammenhang, ob alle Länder, in die Ihre Waren gelangen können, durch die Versicherung abgedeckt sind, vor allem USA und Kanada. Sind auch Anwaltskosten in USA gedeckt? Falls man ein Vertriebsbüro in USA hat, kann es sinnvoll sein, dieses in die deutsche Versicherung mit einzuschließen, da sich das Gefahrenpotenzial einer Ware nicht erhöht, wenn die Ware durch mehrere Hände läuft. Eine gesonderte Versicherung in USA dürfte viel teurer sein.

In USA gibt es noch eine Besonderheit, den „punitive damage", eine Art Strafschaden. Wenn beispielsweise eine Automobilfirma erfährt, dass die Bremsen eines Autos wegen eines Konstruktionsmangels versagen können und sie trifft nicht unverzüglich Gegenmaßnahmen (z.B. Rückrufaktionen), so sind die Schadensersatzansprüche der später Geschädigten um ein Vielfaches höher. Dies gibt es im deutschen Recht nicht; auch der zehnte Verletzte mit denselben Verletzungen erhält Schadensersatz nach den gleichen Grundsätzen – nach deutschem Recht wird so etwas allenfalls über das Strafrecht abgewickelt (evtl. Vorsätzliche Körperverletzung, wenn man einen Fehler kennt, aber nicht abstellt, sondern die Folgen in Kauf nimmt).[5] Deshalb (nicht nur beim Export nach USA): Sobald man von einem Fehler erfährt, der ein Gefahrenpotenzial mit sich bringt, sofort reagieren (→ I.9.4)! Die „punitive damages" sind meist ausdrücklich aus der Haftpflichtversicherung ausgeschlossen.

Um das Risiko einzuschränken, sind folgende Prüfungsstufen zu empfehlen:

a) Von wem und wie wird das Produkt verwendet? Wie verwenden die Endkunden ein Produkt; arbeiten ungelernte Arbeiter an einer Maschine – eventuell Analphabeten; sind Fälle bekannt, dass Sicherungseinrichtungen entfernt wurden; sind andere Fälle bekannt, wo die Maschinen missbräuchlich bedient wurden?

b) Welcher Schaden kann durch die oben festgestellte missbräuchliche Benutzung entstehen?

c) Wie können Schäden bzw. Missbrauch verhindert werden?

   - Kann die Gefahr durch Umkonstruieren, Neugestalten beseitigt werden, und ist dies praktisch durchführbar?
   - Falls dies nicht in Frage kommt: Können Schutzvorrichtungen gebaut werden? Diese dürfen nicht leicht entfernbar bzw. überbrückbar sein.
   - Falls dies auch nicht in Frage kommt: Können Warnschilder angebracht werden? Die Schilder „Warning" bzw. „Danger" sind anzubringen, wenn schwere Körperverletzung bzw. Tod drohen.
   - „Caution" ist anzubringen bei der Gefahr von leichteren Körperverletzungen.
   - Bei Bedienung durch Analphabeten sind Symbole zu verwenden. Die Schilder müssen fest mit der Anlage verbunden sein.
   - Falls gewisse Gefahren nur bei Wartungsarbeiten auftreten können oder falls die o.g. Maßnahmen undurchführbar sind, sind Hinweise in der Bedienungsanleitung erforderlich.

---

5 Eine gute Darstellung der amerikanischen Produkthaftung findet man bei Häberle, „Handbuch für Kaufrecht, Rechtsdurchsetzung und Zahlungssicherung im Außenhandel".

d) Es kann sich empfehlen, von einer fertig gestellten Anlage Fotos zu machen zu Beweiszwecken, wenn z.B. später Sicherheitsvorrichtungen entfernt werden.

9.4 Produktbeobachtungspflicht

Wenn eine Ware ausgeliefert ist, sind die Pflichten des Herstellers noch nicht beendet. Der Hersteller hat nämlich eine Produktbeobachtungspflicht. Er muss den Markt beobachten, ob sich bei den ausgelieferten Produkten Gefahrenpotentiale ergeben können. Gegebenenfalls trifft ihn eine Warnpflicht oder auch eine Rückrufpflicht.

10 Eigentumsvorbehalt

10.1 Allgemeines

Die Gültigkeit eines vereinbarten Eigentumsvorbehaltes richtet sich nach dem Recht des Landes, in dem sich die Ware befindet, somit also nicht nach dem auf den Vertrag anwendbaren Recht. Dies ist natürlich besonders wichtig für den Insolvenzfall des Käufers, wenn er die Ware nicht mehr voll bezahlen kann. Beispiel: Verkäufer ist eine deutsche Firma, Käufer ist eine Schweizer Firma, vereinbart ist deutsches Recht, dann gilt Folgendes: Sobald die Ware die Schweizer Grenze passiert, richtet sich die Frage der Gültigkeit eines vereinbarten Eigentumsvorbehaltes nach Schweizer (unvereinheitlichtem) Recht – nicht nach CISG, da dieses die Frage des Eigentumsvorbehalts nicht regelt (→ I.7).

Außerdem kann der Eigentumsvorbehalt untergehen durch

- Verbindung mit einem Grundstück (z.B. Fenster und Aufzüge werden wesentliche Bestandteile des Gebäudes und damit des Grundstücks, aufgestellte Maschinen jedoch meist nicht),
- Verarbeitung und Vermischung.

Leider gibt es keine einheitlichen Regelungen des Eigentumsvorbehalts. In manchen Ländern (z.B. China) ist der Eigentumsvorbehalt unbekannt. Manchmal ist ein zusätzliches Erfordernis vorgeschrieben (z.B. Schweiz, Italien und USA: Eintragung in ein Register). Oftmals versagt der Eigentumsvorbehalt auch im wichtigsten Fall, nämlich, wenn der Käufer in Konkurs fällt. Unbekannt sind auch meist die Erweiterungsformen unseres Eigentumsvorbehalts wie der verlängerte Eigentumsvorbehalt (= Vorausabtretung der Forderungen bei Weiterverkauf), der weitergeleitete Eigentumsvorbehalt oder der Konzernvorbehalt.

Oftmals nützt auch Eigentumsvorbehalt nicht viel, wenn z.B. die Ware für den Kunden „maßgeschneidert" ist. Denn dann kann man die Ware, selbst wenn man sie auf Grund des Eigentumsvorbehalts zurückerhält, nicht oder nur mit großem Abschlag weiterverwerten.

Deshalb immer andere finanzielle Absicherungen nehmen, wie z.B.

- Vorauskasse
- Bankgarantie, Akkreditiv
- Patronatserklärung (Erklärung der Muttergesellschaft des Käufers, dass sie für die Schulden des Käufers aus diesem Vertrag haftet)
- Teillieferungen bzw. Teilleistungen vornehmen und die Lieferung/Leistung des nächsten Teils von der Bezahlung des vorhergehenden Teils abhängig machen
- Private oder staatliche (Hermes-)Kreditversicherung

Falls man in Ausnahmefällen keine andere Möglichkeit der Absicherung als den Eigentumsvorbehalt hat und falls es sich um größere Beträge handelt, sollte man sich über den Eigentumsvorbehalt im Land des Käufers kundig machen.[6] Eventuell kann man auch einen Rechtsanwalt im Land des Kunden um Rat fragen.

10.2 Empfehlung

Trotzdem sollte man jedoch routinemäßig den Eigentumsvorbehalt vereinbaren. Schaden kann dies nichts, nur nützen. Und zwar zum einen als zusätzliches Sicherungsinstrument – z.B. wenn das Akkreditiv verfällt oder wenn der Kunde eine nicht abgesicherte Restzahlung bei Abnahme leisten muss, die er lange verzögert. In diesem Falle hat man bei einem vereinbarten Eigentumsvorbehalt etwas mehr Nachdruck bei der Durchsetzung seiner Forderungen.

> Der Verkäufer behält sich das Eigentum an der von ihm gelieferten Ware vor bis zur vollständigen Bezahlung des Kaufpreises durch den Käufer.
>
> *The goods supplied shall remain the Seller's property until the total contract price has been received by the Seller.*

11 Gerichtsstandsvereinbarung oder Schiedsgerichtsklausel?

11.1 Möglichkeiten der Parteien

Die Parteien eines Vertrages haben bei der Frage, welches Gericht bei Streitigkeiten entscheiden soll, drei Möglichkeiten:

6 Hilfreich ist hier die ICC-Publikation „Eigentumsvorbehalt in 35 Ländern", die auch praktische Formulierungshilfen für die einzelnen Länder anbietet. Zu beziehen über den Vertriebsdienst der ICC (International Chamber of Commerce), Mittelstr. 12–14, 50672 Köln.

- Sie vereinbaren einen besonderen Gerichtsstand.
- Sie vereinbaren ein bestimmtes Schiedsgericht.
- Sie vereinbaren diesbezüglich nichts.

11.2 Vereinbarung eines bestimmten Gerichtsstandes

Die Vereinbarung eines deutschen Gerichtsstandes, also eines staatlichen Gerichts an einem bestimmten Ort in Deutschland (*Gerichtsstand für alle Streitigkeiten im Zusammenhang mit diesem Vertrag ist Hamburg/Deutschland*), wird oft für den Vertragspartner schwer akzeptabel sein.

Die Vereinbarung eines deutschen Gerichtsstandes ist außerdem nur dann sinnvoll, wenn das Urteil im Lande des Vertragspartners leicht vollstreckbar ist. Dies ist der Fall

- innerhalb der EU: gemäß der sog. Brüssel-I-Verordnung. Diese Verordnung vereinheitlicht die Gerichtsstände und vereinfacht die Anerkennung und Vollstreckung von Urteilen innerhalb der EU.
- außerhalb der EU: das Lugano-Übereinkommen mit Polen, Schweiz, Norwegen und Island.

Bei Vereinbarung eines deutschen Gerichtsstandes sollte man darauf achten, dass auch deutsches Recht vereinbart ist. Denn die Vereinbarung eines anderen Rechts, das ein deutscher Richter nicht kennen muss, wird zu erheblichen Verzögerungen führen.

Falls der Vertragspartner in einem anderen Land außerhalb der EU seinen Sitz hat, ist oft zusätzlich ein richterliches Anerkennungsverfahren im Land des Schuldners notwendig.

Es ist davon abzuraten, einen Gerichtsstand im Land des Vertragspartners zu vereinbaren. Abgesehen von den für uns fremden Prozessordnungen können solche Verfahren sehr lange dauern – wesentlich länger als deutsche Verfahren! Oft ist dies auch eine Frage der Kosten. Denn die meisten Rechtsordnungen kennen unser Prinzip nicht, dass der Unterliegende die Kosten des gesamten Rechtsstreits (und damit auch den Gegenanwalt) bezahlen muss.

Nie sollte man einen Gerichtsstand in einem Drittland vereinbaren, in dem keine der Vertragsparteien ihren Sitz hat, denn es besteht die Möglichkeit, dass sich das Gericht des Drittstaates für unzuständig erklärt, so dass man letztlich ohne Rechtsschutzmöglichkeit dasteht (dies gilt natürlich nicht für internationale Schiedsgerichte in Drittstaaten – siehe unten).

11.3 Vereinbarung eines Schiedsgerichts

In den allermeisten Fällen, vor allem bei Verträgen mit größerem Lieferumfang, empfiehlt sich jedoch eine Schiedsgerichtsklausel. Bei der Vereinbarung eines Schiedsgerichts würde sich ein nationales Gericht, welches trotz der Schiedsgerichtsklausel von einer Vertragspartei angerufen wird, für unzuständig erklären.[7]

Vorteile eines Schiedsgerichts sind:

- Schiedsurteile sind oft leichter vollstreckbar.
- Schiedsgerichte sind meist schneller, da es keinen Zug durch die Instanzen gibt.
- Schiedsgerichte sind oft sachgerechter, da die Schiedsrichter eher Fachleute sind.
- Schiedsgerichtsverfahren sind nicht öffentlich. Dies ist wesentlich bei geheimhaltungsbedürftigen Vorgängen.
- Allerdings sind Schiedsverfahren manchmal teurer als eine staatliche Gerichtsinstanz, jedoch bleibt es auch bei einer Instanz, während es bei den staatlichen Gerichten meist zwei oder auch drei Instanzen gibt.
- Man spart sich evtl. Übersetzungskosten, denn ein deutscher Richter kann z.B. verlangen, dass alle englischen Schriftstücke ins Deutsche übersetzt werden müssen.

Bezüglich der Vollstreckbarkeit gibt es internationale Abkommen, denen die allermeisten unserer Absatzländer beigetreten sind, vor allem das „UN-Übereinkommen über die Anerkennung und Vollstreckung ausländischer Schiedssprüche". Eine Liste der Länder, die diesem Abkommen beigetreten sind, befindet sich in der Anlage 2.

Nachstehend die bekanntesten „Institutionellen Schiedsgerichte". Dabei handelt es sich um Organisationen, die ständig Schiedsgerichtsverfahren durchführen. Die von diesen empfohlenen Musterschiedsklauseln sind beigefügt. Diese Schiedsgerichtsorganisationen haben Schiedsgerichtsordnungen, die die Durchführung der Schiedsgerichtsverfahren regeln. Ähnlich wie die Zivilprozessordnung – ZPO, die Verfahren vor den staatlichen Gerichten regelt. Die Schiedsgerichtsordnungen sind jedoch längst nicht so formal streng wie die ZPO.

a) Das wohl bekannteste internationale Schiedsgericht ist das Schiedsgericht bei der Internationalen Handelskammer in Paris (International Chamber of Commerce – ICC). Es wird häufig angerufen; es empfiehlt sich jedoch nur bei eher größeren Streitwerten (mindestens 100.000 €).

> Alle aus oder in Zusammenhang mit dem gegenwärtigen Vertrag sich ergebenden Streitigkeiten werden nach der Schiedsgerichtsordnung der Internationalen Handelskammer in Paris von einem oder mehreren gemäß dieser Ordnung ernannten Schiedsrichtern endgültig entschieden.

7 Hinweisen möchten wir bezüglich Schiedsgerichte auf das Buch von Schütze „Rechtverfolgung im Ausland".

All disputes arising out of or in connection with the present contract shall be finally settled under the Rules of Arbitration of the International Chamber of Commerce in Paris by one or more arbitrators appointed in accordance with the said Rules.

b) Empfehlenswert ist auch das Schiedsgericht der Wirtschaftskammer Österreich in Wien, welches vor allem bei Ost-West-Streitigkeiten an Bedeutung gewinnt.

Alle Streitigkeiten, die sich aus diesem Vertrag ergeben oder auf dessen Verletzung, Auflösung oder Nichtigkeit beziehen, werden nach der Schieds- und Vergleichsordnung des Internationalen Schiedsgerichts der Wirtschaftskammer Österreich in Wien (Wiener Regeln) von einem oder mehreren gemäß diesen Regeln ernannten Schiedsrichtern endgültig entschieden.

All disputes arising out of this contract or related to its violation, termination or nullity shall be finally settled under the Rules of Arbitration and Conciliation of the International Arbitral Centre of the Austrian Federal Economic Chamber in Vienna (Vienna Rules) by one or more arbitrators appointed in accordance with these rules.

c) Das Deutsche Institut für Schiedsgerichtsbarkeit e.V. in Bonn (DIS) gewinnt immer mehr an internationaler Bedeutung.

Alle Streitigkeiten, die sich im Zusammenhang mit diesem Vertrag oder über seine Gültigkeit ergeben, werden nach der Schiedsgerichtsordnung der Deutschen Institution für Schiedsgerichtsbarkeit e.V. (DIS) unter Ausschluss des ordentlichen Rechtsweges endgültig entschieden.

All disputes arising in connection with this contract or its validity shall be finally settled in accordance with the Arbitration Rules of the German Institution of Arbitration e.V. (DIS) without recourse to the ordinary courts of law.

d) Das Schiedsgerichtsinstitut der Handelskammer Stockholm.

Alle Streitigkeiten aus oder im Zusammenhang mit diesem Vertrag, dem Verstoß gegen seine Bestimmungen, seiner Beendigung oder seiner Gültigkeit sollen abschließend entschieden werden in einem Schiedsverfahren gemäß den Regeln des Schiedsgerichtsinstituts der Handelskammer in Stockholm.

Any dispute, controversy or claim arising out of or in connection with this contract, or the breach, termination or invalidity thereof, shall be finally settled by arbitration in accordance with the Rules of the Arbitration Institute of the Stockholm Chamber of Commerce.

e) Das Schiedsgericht bei der Zürcher Handelskammer.

Alle sich aus oder in Zusammenhang mit dem vorliegenden Vertrag ergebenden Streitigkeiten, einschließlich solche über sein gültiges Zustandekommen, seine Rechtswirksamkeit, seine Abänderung oder Auflösung, werden durch ein Schiedsgericht gemäß der Internationalen Schiedsgerichtsordnung der Zürcher Handelskammer unter Ausschluss der ordentlichen Gerichte entschieden. Bei einem Streitwert über 500.000 EUR *(den Betrag kann man beliebig festlegen)* entscheidet ein Dreierschiedsgericht; in diesem Fall ernennt jede Partei einen Schiedsrichter.

All disputes arising out of or in connection with the present agreement, including disputes on its conclusion, binding effect, amendment and termination shall be resolved, to exclusion of the ordinary courts by an Arbitral Tribunal in accordance with the International Arbitration Rules of the Zurich Chamber of Commerce. If the value in dispute exceeds 500.000 EUR (den Betrag kann man beliebig festlegen), *the arbitral tribunal shall have three arbitrators; in this case each party shall nominate one arbitrator.*

Für unser Rechtsverständnis fremd ist die Vorgehensweise der Schiedsgerichte des angloamerikanischen Rechtskreises. Die Verfahren sind meist sehr aufwändig und daher teuer. Dies betrifft

f) den London Court of International Arbitration,

Alle sich aus oder in Zusammenhang mit diesem Vertrag ergebenden Streitigkeiten, einschließlich aller Fragen über sein Bestehen, seine Gültigkeit oder Beendigung, werden endgültig entschieden in einem Schiedsgerichtsverfahren nach der LCIA (London Court of International Arbitration) Schiedsgerichtsordnung. Diese Schiedsgerichtsordnung gilt als durch Verweisung in diese Klausel eingefügt.

Any dispute arising out of or in connection with this contract, including any question regarding its existence, validity or termination, shall be referred to and finally resolved by arbitration under the Rules of the LCIA (London Court of International Arbitration), which Rules are deemed to be incorporated by reference into this clause.

g) und die American Arbitration Association (AAA).

Any controversy or claim arising out of or relating to this contract, or the breach hereof, shall be settled by arbitration in accordance with the Commercial Arbitration Rules of the American Arbitration Association and judgment upon the award rendered by the Arbitrator(s) may be entered in any Court having jurisdiction thereof.

h) Bei Verträgen mit chinesischen Firmen sollte man zuerst versuchen, die Schiedsgerichte bei ICC, Wirtschaftskammer in Wien oder Handelskammer Zürich zu vereinbaren. Zur Not kann man auch mit der CIETAC-Klausel leben (China International Economic and Trade Arbitration Commission). Es empfiehlt sich, deutsches oder Schweizer Recht zu vereinbaren und vor allem Englisch als Verfahrenssprache, da sonst in Chinesisch verhandelt wird.

Any dispute arising out of or in connection with this Contract shall be submitted to China International Economic and Trade Arbitration Commission for arbitration which shall be conducted in accordance with the Commission's arbitration rules in effect at the time of applying for arbitration. The arbitral award is final and binding upon both parties. The language of procedure shall be English.

Weitere Punkte, die für eine Schiedsgerichtsklausel empfehlenswert sind und die frei vereinbart werden können:

- Das Schiedsgericht soll aus drei Schiedsrichtern bestehen (nicht empfehlenswert bei Verträgen mit kleineren Werten) – evtl. legt man den Wert ausdrücklich fest (Beispiel oben bei Zürcher Handelskammer).
- Bestimmung des Sitzes des Schiedsgerichts.
- Bestimmung der Sprache des Schiedsgerichts.

Auf keinen Fall zu empfehlen ist die Vereinbarung eines US-amerikanischen staatlichen Gerichts, da das amerikanische Prozessrecht ein langwieriges Vorverfahren (pretrial discovery) hat und die amerikanischen Anwälte, die in der Regel nach Stunden und nicht nach Streitwert bezahlt werden, sehr teuer sind. Jeder trägt die Kosten seines Anwalts – auch im Falle eines Prozessgewinns.

Möglich, aber keinesfalls zu empfehlen sind auch die so genannten „Ad-hoc-Schiedsgerichte". Dabei handelt es sich um keine feststehenden Schiedsgerichte, wie es die institutionellen Schiedsgerichte sind, sondern um solche, die sich erst auf Bedarf und Wunsch der Vertragsparteien zusammensetzen. Sie haben den Nachteil, dass keine Institution bei langsamen Schiedsrichtern Druck ausüben kann! Bezüglich des Verfahrens vor Ad-hoc-Schiedsgerichten hat die UNCITRAL eine Schiedsgerichtsordnung erstellt, nach der man vorgehen kann. Nur der Vollständigkeit halber, aber nicht empfehlenswert, daher die nachstehende Klausel:

Jede Streitigkeit, Meinungsverschiedenheit oder jeder Anspruch, die sich aus diesem Vertrag ergeben oder sich auf diesen Vertrag, seine Verletzung, seine Auflösung oder seine Nichtigkeit beziehen, sind durch ein Schiedsverfahren nach der UNCITRAL-Schiedsgerichtsordnung in ihrer derzeit geltenden Fassung zu entscheiden. Zuständige Stelle für die Benennung des oder der Schiedsrichter ist ... *(geeignete Handelskammer einfügen).*

Any dispute, controversy or claim arising out of or in relation to this contract, or the breach, termination or invalidity thereof, shall be settled by arbitration in accordance with the UNCITRAL Arbitration Rules as at present in force. If necessary, the arbitrator or arbitrators shall be appointed by ... (geeignete Handelskammer einfügen).

11.4 Die Parteien haben nichts vereinbart

Wurde weder ein Gerichtsstand noch ein Schiedsgericht vereinbart, richtet sich die Zuständigkeit, wenn der Vertragspartner seinen Sitz in der EU hat, nach der Brüssel-I-Verordnung, ansonsten prüft ein deutsches Gericht nach der Zivilprozessordnung (ZPO) nach dem Grundsatz: Soweit ein deutsches Gericht örtlich zuständig ist, ist es auch international zuständig. Brüssel-I-Verordnung und ZPO bestimmen vor allem zwei Gerichtsstände, nämlich den am Sitz des Beklagten und den des Erfüllungsortes.

Am häufigsten wird der Exporteur wohl auf Zahlung des Kaufpreises klagen. Nach der Brüssel-I-Verordnung hat er, wie gesagt, die Wahl: den Gerichtsstand am Sitz des Schuldners oder den des Erfüllungsortes. Der Erfüllungsort ist bei dem Verkauf beweglicher Sachen der Ort, an den die Ware geliefert werden muss, also in der Regel ebenfalls der Sitz des Schuldners. Falls der Käufer seinerseits klagen will, hat er die Möglichkeit, das Gericht am Sitz des Verkäufers zu wählen oder das Gericht des Erfüllungsortes, an den die Ware geliefert werden muss – also in der Regel das Gericht an seinem Sitz (Letzteres wird er meist vorziehen).

Ergebnis: Falls die Parteien diesbezüglich nichts vereinbart haben und der Exporteur gegen einen Schuldner mit Sitz in der EU auf Zahlung klagen will, muss er in der Regel ein Gericht im Land des Käufers anrufen. Falls der Käufer den Exporteur verklagen will, kann er ebenfalls das Gericht am Sitz des Käufers, also an seinem Sitz, anrufen. Dies sollte der Exporteur nach Möglichkeit vermeiden (→ I.11.2 und I.11.3).

12 Rücktritt vom Vertrag

12.1 Möglichkeit eines Rücktritts

Nach BGB-Kaufrecht kann der Käufer in folgenden Fällen vom Vertrag zurücktreten:

- Wenn sich der Verkäufer im Verzug befindet, kann ihm der Käufer eine „angemessene" Frist setzen. Eine Erklärung, dass er nach Ablauf der Frist die Leistung ablehnt, ist seit der Schuldrechtsreform nicht mehr notwendig.
- Wenn die Ware mangelhaft ist und eine zweimalige Nachbesserung fehlgeschlagen ist, kann der Käufer Rücktritt erklären (Ausnahme: unerheblicher Mangel).

Das CISG unterscheidet nicht zwischen Verzug, Mängeln usw., sondern kennt nur die „Vertragsverletzung". Der Käufer kann vom Vertrag zurücktreten, Art. 49 CISG:

- Wenn die Vertragsverletzung wesentlich ist (z.B. der Mangel ist so groß, dass der Vertragszweck ernsthaft gefährdet ist);
- wenn der Käufer erkennbar an einer verspäteten Lieferung kein Interesse hat – Fixgeschäft (z.B. Lieferung von Schokoladenosterhasen nach Ostern) oder

- wenn der Verkäufer im Verzug ist und der Käufer ihm eine „angemessene" Frist zur Erfüllung seiner Vertragspflichten gesetzt hat.

Daneben kann der Käufer auch Schadensersatz verlangen – sowohl nach CISG wie auch nach BGB. Vor dem 1.1.2002 gab es im BGB die Wahl zwischen Rücktritt und Schadensersatz, seit der Schuldrechtsreform gibt es die Möglichkeit, Rücktritt zu erklären und Schadensersatz zu verlangen.

12.2 Formulierung des Rücktrittsrechts

Der Rücktritt vom Vertrag ist wohl eine der schwerwiegendsten Folgen und wird in der Regel den Verkäufer belasten. Deshalb muss die Formulierung hier sorgfältig gewählt werden.

Da es im Falle des Verzuges öfters Mahnungen – auch mit Fristsetzung – gibt und ein solches Schreiben bei irgendeinem Sachbearbeiter eventuell abgelegt wird, sollte die Mahnung, die den Rücktritt einleiten soll, besonders gekennzeichnet sein (Einschreiben an die Geschäftsleitung) mit dem ausdrücklichen Hinweis auf die Rücktrittsmöglichkeit. Wichtig ist in jedem Fall, dass im Falle eines Rücktritts weitere Ansprüche ausgeschlossen sein sollen. Beispiel:

Ist der Verkäufer mit seiner Lieferung mehr als ... Monate im Verzug oder beseitigt er einen ihm ordnungsgemäß angezeigten erheblichen Mangel an der gelieferten Sache nicht innerhalb von ... Monaten, ist der Käufer berechtigt, vom Vertrag zurückzutreten, nachdem er dem Verkäufer mit einem eingeschriebenen Brief an die Geschäftsleitung des Verkäufers eine angemessene Frist zur Erfüllung seiner Pflichten gesetzt hat und ihn außerdem ausdrücklich auf die Möglichkeit des Rücktritts hingewiesen hat.

Im Falle eines Rücktritts haben beide Parteien unter Ausschluss weiterer Ansprüche die einander gewährten Leistungen zurückzugewähren.

If the Seller is in default with delivery by more than ... months or if the Seller does not repair a substantial defect, indicated according to the contract, within ... months, the Buyer shall be entitled to terminate the contract after having fixed, in a registered letter to the general manager of the Seller a reasonable term for the fulfilment of the Seller's obligations and having clearly expressed the possibility of rescission of the contract.

In case of rescission each party shall restore to the other party the services already rendered. Any further claims are excluded.

Bei einer Großanlage oder bei Lieferung vieler Gegenstände kann es sinnvoll sein zu vereinbaren, dass der Käufer nur hinsichtlich der nicht funktionierenden Teile zurücktreten darf:

Der Rücktritt darf sich jedoch nur auf die Teile beziehen, die nicht funktionsfähig sind oder nicht die vereinbarten Werte erreichen. Der Verkäufer hat dann den diesen Teilen entsprechenden Kaufpreis zurückzuerstatten, falls er ihn schon erhalten hat.

The rescission shall only apply to those parts which are not operational or which do not comply with the agreed values. Than the Seller shall restore the part of the price if already received corresponding to those defective parts.

13 Weitere Punkte

13.1 Schutzrechte

Natürlich soll der Käufer eines Produktes dieses uneingeschränkt benutzen dürfen. Deshalb haftet der Verkäufer grundsätzlich dafür, dass die gelieferte Ware keine Rechte Dritter auf geistiges Eigentum (Patent-/Gebrauchsmusterrecht, Markenrecht, Geschmacksmusterrecht und Urheberrecht) im Empfängerland verletzt – andernfalls liegt ein Rechtsmangel vor. Dies gilt nicht, wenn

- dem Verkäufer das Bestimmungsland nicht zur Kenntnis gebracht wurde (z.B. der Verkäufer liefert an einen Händler, der die Ware in andere Länder weiterliefert);
- der Käufer das Schutzrecht des Dritten kennt oder kennen muss;
- der Verkäufer sich nach technischen Zeichnungen und sonstigen Vorgaben des Käufers richtet.

Da es oft für den Käufer einfacher sein wird, die Schutzrechtssituation in seinem Land zu prüfen, können die Parteien vereinbaren, dass dies Sache des Käufers ist und der Verkäufer für Schutzrechtsverletzungen im Land des Käufers nicht haftet.

Der Verkäufer haftet nicht dafür, dass die von ihm gelieferte Ware gegen ein Schutzrecht im Bestimmungsland verstößt.

The Vendor shall not be liable for any claims resulting from an infringement of any intellectual property right in the country of destination.

Eine andere Möglichkeit besteht darin, dass der Verkäufer zwar die Störung beseitigen muss, aber nicht für Ansprüche Dritter haftet.

Führt die Benutzung des Liefergegenstandes zur Verletzung von gewerblichen Schutzrechten, wird der Verkäufer dem Käufer auf seine Kosten das Recht zum weiteren unbeschränkten Gebrauch verschaffen oder den Liefergegenstand derart modifizieren, dass die Schutzrechtsverletzung nicht mehr besteht. Weitere Ansprüche sind ausgeschlossen.

Should Seller's supply be impeded by any intellectual property right of any third party, the Seller at its expense shall undertake to obtain a licence for the Buyer or he shall modify the supply to make it non-infringing. These are Buyer's exclusive remedies.

Oft wird der Verkäufer nicht umhin kommen, sich zu verpflichten, dem Käufer den aus der Verletzung entstandenen Schaden zu ersetzen. In diesem Fall ist es wichtig, den Käufer zu verpflichten, alle Schritte mit dem Verkäufer abzustimmen. Andernfalls kann es vorkommen, dass der Käufer unnötigerweise wegen angeblicher Patentverletzung zahlt und sich die Parteien nachher streiten.

Der Verkäufer verpflichtet sich, dem Käufer alle durch die Verletzung entstandenen notwendigen Kosten zu erstatten. In jedem Fall muss der Käufer den Verkäufer unverzüglich benachrichtigen, wenn ein Dritter eine Rechtsverletzung geltend macht, und das weitere Vorgehen mit ihm abstimmen.

The Seller shall pay all reasonable costs of the Buyer incurred by such infringement. In any case the Seller shall inform the Buyer without delay if a third party claims an infringement and agree with him on the further steps to be taken.

13.2 Verfügbarkeit

Oft wird der Verkäufer nicht umhin kommen, eine Verfügbarkeitzusage abzugeben. In der Regel wird es günstiger sein, diese erst ein paar Monate nach Abnahme beginnen zu lassen, da komplizierte Anlagen erfahrungsgemäß in der Anfangszeit anfälliger sind. Als Ursachen für einen Ausfall sollten nur diejenigen gelten, die nachweislich dem Verkäufer zuzuordnen sind. Vorteilhaft ist ein Bezug auf die VDI-Richtlinie 3423. Als Beginn der Ausfallzeit sollte der Zeitpunkt angenommen werden, zu dem die schriftliche Nachricht während der üblichen Bürozeiten bei der zuständigen Abteilung eingeht. Sonst kann es vorkommen, dass die Nachricht am Freitagabend kommt und über das ganze Wochenende niemand erreichbar ist. Man kann eine Verfügbarkeitszusage auch mit der Pflicht des Käufers zum Kauf eines Ersatzteilvorrats verbinden. Wesentlich ist auch, festzulegen, welche Folgen bei Nichterreichen der Verfügbarkeit entstehen – vor allem sollte ein Höchstbetrag genannt werden. Dies kann auch durch eine Deckelung der gesamten Schadensersatzansprüche (→ I.8.8) erreicht werden.

Der Verkäufer sichert eine Verfügbarkeit von 90 % zu, beginnend drei Monate nach Abnahme für die Dauer eines Jahres; die Anlage wird in Zweischichtbetrieb Mo–Fr, von ... bis ... betrieben. Als Ausfallzeiten werden nur solche Stillstände angesehen, die nachweislich dem Verkäufer zuzurechnen sind. Die Ausfallzeit wird nach VDI-Norm 3423 berechnet. Beginn der Ausfallzeit ist der Zeitpunkt, an dem die schriftliche Nachricht über den Ausfall mit einer Beschreibung der Störung bei der ...-Abteilung des Verkäufers zu den üblichen Bürostunden Mo–Fr, 08.00–16.00 Uhr eingeht. Die Ausfallzeit geht dann bis zur Behebung der Störung. Das Montagepersonal des Verkäufers ist bei Reparaturen zu unterstützen.

Sollte die Verfügbarkeit unterschritten werden, wird der Kaufpreis je 1 % Minderleistung um 0,5 % gemindert, höchstens jedoch um 5 %. Weitere Ansprüche sind ausgeschlossen.

The Seller warrants an availability of 90 % beginning three months after acceptance for the period of one year; the plant will be operated in two shifts Mo–Fr from ... to ... Only those times shall be considered as down times, which are obviously attributable to the Seller. The down time period shall be computed according VDI 3432. The beginning of the down time shall be the time at which the written notice about the failure with a description of such failure is received by the ... department of the Seller during the usual office hours Mo–Fr, 08.00–16.00 h. The down time will end at the time the defect is cured. The Buyer shall support the fitters of the Seller during the repair.

If the a.m. availability is not reached, for each 1 % loss of availability the reduction of the contract price will amount to 0,5 % to a maximum of 5 % to the exclusion of any further claims.

13.3 Geheimhaltung

Falls eine Geheimhaltungsklausel vom Käufer gewünscht wird, sollte darauf geachtet werden, dass diese auf Gegenseitigkeit beruht, sich also beide Parteien zur Geheimhaltung verpflichten.

Bei besonderer Bedeutung der Geheimhaltung ist darauf zu achten, dass diese auch über das Vertragsende hinaus gilt (also wenn die Gewährleistung beendet ist), und dass die andere Partei für jeden Fall der Zuwiderhandlung einen pauschalierten Schadensersatz zu zahlen hat – im Englischen „liquidated damages“ (nicht „penalty“, da Vertragsstrafen im angloamerikanischen Recht nicht zulässig sind). Denn in solchen Fällen einen konkret bezifferbaren Schaden nachzuweisen, wie es die Gerichte verlangen, ist fast unmöglich.

Beide Parteien verpflichten sich, sämtliche vertraulichen Unterlagen und vertrauliche Informationen, von denen sie auf Grund der Zusammenarbeit Kenntnis erhalten, strikt geheim zu halten und weder direkt noch indirekt Dritten irgendwie zugänglich zu machen noch für eigene Zwecke (ausgenommen zur Erfüllung dieses Vertrages) zu verwerten. Mitarbeiter und Dritte, die zur Erfüllung des Vertragszieles herangezogen werden müssen, sind ebenfalls zur Geheimhaltung zu verpflichten.

Die Geheimhaltungsverpflichtung gilt auch nach Beendigung der Zusammenarbeit auf Grund dieses Vertrages. Für den Fall der Zuwiderhandlung gegen die Geheimhaltungsverpflichtung hat die verletzende Partei der anderen eine Vertragsstrafe von EUR ... zu zahlen. Die Geltendmachung eines nachweisbaren höheren Schadens bleibt vorbehalten.

Both Parties are obliged to keep confidential all confidential documents and all confidential information received by reason of the execution of this Contract and they shall not disclose such documents or information to any third party nor exploit for its own use and use only for the purpose of this Contract. The Parties shall bind their employees and third parties to be engaged in the execution of this Contract on this obligation to maintain secrecy.

The obligation to secrecy shall remain in force even after the termination of the cooperation by reason of this agreement. For the case of any infringement of this obligation to secrecy the infringing Party shall pay to the other Party EUR ... as liquidated damages. The infringed Party reserves the right to claim provable exceeding damages.

13.4 Salvatorische Klausel

Vor allem bei größeren Vertragswerten ist eine Regelung sinnvoll für den Fall, dass Klauseln nichtig sind. Beispiel:

Sollte eine Bestimmung dieses Vertrages ganz oder teilweise nicht rechtswirksam oder nicht durchführbar sein, so soll hierdurch die Gültigkeit der übrigen Bestimmungen des Vertrages nicht berührt werden. Anstelle der unwirksamen oder undurchführbaren Bestimmung oder zur Ausfüllung der Lücke soll eine angemessene Regelung gelten, die dem am nächsten kommt, was die Vertragschließenden gewollt haben oder nach dem Sinn und Zweck des Vertrages gewollt hätten, sofern sie bei Abschluss des Vertrages oder bei der späteren Aufnahme einer Bestimmung den Punkt bedacht hätten.

If any provision of the contract shall be invalid or impracticable in whole or in part this shall not affect the validity of the remaining part of this Contract. In lieu of the invalid or impracticable provision an appropriate provision shall apply which is nearest to the intent of the contracting parties or to what would have been their intention in keeping with the meaning and purpose of the contract if they had considered the issue at the conclusion of the contract or at a later addition of a provision.

13.5 Einheit des Vertrages

Oft liest man etwa folgende Formulierung: *Vertragsgegenstand sind die vorangegangenen Gespräche* (oder: *der vorangegangene Schriftwechsel*). Vor solchen Formulierungen ist zu warnen: Diese Gespräche sind häufig nicht schriftlich niedergelegt. Vor allem stellt man hinterher oft fest, dass es erhebliche Widersprüche zwischen den Protokollen und dem anderen Vertragstext gibt. Deshalb: Alle Anlagen sind auf ihre Vereinbarkeit mit dem Hauptvertrag zu überprüfen! Oftmals gibt es Widersprüche, die dann viel Geld kosten. Alle Unterlagen sollen in der Vertragssprache sein!

13.6 Vorschriften

Wesentlich ist, welche Vorschriften zu beachten sind: z.B. Sicherheitsvorschriften, Käufernormen, Umweltbedingungen usw. Oft werden die deutschen Normen und Sicherheitsvorschriften zugrunde gelegt.

Die zu liefernden Waren unterliegen den deutschen Normen und Sicherheitsvorschriften.

The German standards and safety regulations shall apply to the delivered goods.

Sollten allerdings die Sicherheitsvorschriften im Empfängerland strenger sein (z.B. USA), kann man sich gegenüber einem verletzten Endverbraucher nicht auf die deutschen Sicherheitsvorschriften berufen.

Oft wird der Käufer verpflichtet, bestimmte Unterlagen zu beschaffen. Es ist dann wesentlich, genau festzulegen, bis wann die Unterlagen beim Verkäufer sein müssen und welche Folge eintritt, wenn sie nicht rechtzeitig da sind:

Der Käufer hat dem Verkäufer die ... Unterlagen innerhalb ... Wochen nach Vertragsschluss vollständig zuzusenden. Andernfalls verschiebt sich der Liefertermin entsprechend.

The Buyer shall send to the Seller the ... complete documentation within ... weeks after the conclusion of the contract. Otherwise the delivery period shall be extended correspondingly.

13.7 Beistellungen des Käufers

Wenn der Käufer Hilfskräfte für Montage und Inbetriebnahme beistellt, können diese als Erfüllungsgehilfen des Verkäufers betrachtet werden, so dass der Verkäufer für deren Fehlhandlungen haftet. Dies ist zu vermeiden:

Der Käufer stellt für die Montage und Inbetriebnahme eigenes Personal in ausreichender Anzahl und Qualifikation zur Verfügung (*evtl. ist die Anzahl und Qualifikation genau zu spezifizieren*). Der Verkäufer haftet nicht für Mängel, die durch das vom Käufer gestellte Personal verursacht werden, es sei denn, diese beruhen auf falschen Anweisungen durch den Montageleiter des Verkäufers.

For erection and start-up the Buyer shall place own personal in sufficient number and qualification at the disposal of the Seller (evtl. ist die Anzahl und Qualifikation genau zu spezifizieren)*. The Seller shall not be liable for defects made by the personal of the Buyer except such defects are caused by a wrong instruction of the supervisor of the Seller.*

13.8 In-Kraft-Treten des Vertrages

Oft wird das In-Kraft-Treten des Vertrages abhängig gemacht

- von einer Genehmigung, die der Verkäufer zu besorgen hat,
- von einer Genehmigung, die der Käufer zu besorgen hat,
- von dem Eingang der Anzahlung und des Akkreditivs.

Eine andere Möglichkeit ist die Verschiebung des Liefertermins (→ I.6.1). Wichtig ist dann, dass die vertraglichen Termine (Zahlungstermine, Liefer-, Montage-, Abnahmetermin) an das In-Kraft-Treten des Vertrags gekoppelt werden. Beispiel:

Der Vertrag tritt in Kraft, sobald der Käufer die ... Genehmigung erhalten hat und den Verkäufer hiervon schriftlich per Fax benachrichtigt hat.

This contract shall enter into force when the Buyer receives the ... approval and has informed the Seller hereof by fax.

14 Abstimmung Verkaufsvertrag – Einkauf von Komponenten

Häufig kann man beobachten, dass sich der Verkauf nicht mit dem Einkauf abgestimmt hat. Dies ist natürlich nicht für jede zugekaufte Schraube wichtig, aber für die wesentlichen zugekauften Aggregate. Man sollte auf folgende Punkte achten:

a) Weitergabe der technischen Bedingungen gemäß Vertrag mit dem Endkunden: Normen im Land des Endkunden, Werksnormen des Endkunden, einzuhaltende Sicherheitsbestimmungen, Klimabedingungen, Anstrich, allgemeine technische Daten.

b) Wo erfolgt Abnahme? Wenn im Vertrag mit dem Endkunden eine Abnahme in dessen Werk erfolgen soll, sollte auch die Abnahme gegenüber dem Unterlieferanten mit der Abnahme im Werk des Endkunden verbunden sein. Eventuell kann man eine Vorabnahme im Werk des Unterlieferanten vereinbaren.

c) Stimmt die Verpackung überein mit dem Endvertrag? Recht auf Zwischenkontrolle.

d) Gewährleistung: Hier werden die häufigsten Fehler gemacht. Oft ist die Gewährleistung des Unterlieferanten schon abgelaufen, wenn die Anlage beim Endkunden richtig in Betrieb geht. Manchmal ist dem Unterlieferanten auch nicht klar gemacht worden, dass er Fehler auf seine Kosten beim Endkunden im Ausland beheben soll.

Beispiel:

Die Gewährleistung beträgt 1 Jahr nach Abnahme der Gesamtanlage beim Endkunden in (Ort/Land) (*evtl. ergänzen auf Wunsch des Unterlieferanten:* Sie endet jedoch spätestens 18 Monate nach Lieferung an den Endkunden, es sei denn, die Abnahme verschiebt sich aus Gründen, die der Unterlieferant zu vertreten hat). Der Unterlieferant hat Mängel auf seine Kosten beim Endkunden zu beseitigen.

The warranty period shall be 12 months from the date of acceptance of the total plant with the ultimate customer in (Ort/Land) (evtl. ergänzen auf Wunsch des Unterlieferanten: *but the warranty period shall expire in any case 18 months from the delivery to the ultimate customer unless acceptance is delayed for reasons attributable to the supplier). Defective parts shall be repaired or replaced by the supplier on final customer's premises at the expense of the supplier.*

e) In-Kraft-Treten des Vertrages mit dem Unterlieferanten: Oftmals tritt der Vertrag mit dem Endkunden erst bei Vorliegen bestimmter Genehmigungen in Kraft. Dies sollte man auch im Vertrag mit dem Unterlieferanten vereinbaren.

f) Zahlungssicherung: Es sollte eventuell vereinbart werden, dass der Vertrag mit dem Unterlieferanten erst in Kraft tritt, wenn die Anzahlung des Endkunden und das Akkreditiv im Haus sind. Oder man behält sich das Recht zur Stornierung vor, wenn die Anzahlung des Endkunden und das Akkreditiv nicht bis spätestens … eingehen. Muss man eine Erfüllungsgarantie gegenüber dem Endkunden leisten, sollte man auch eine Erfüllungsgarantie des Unterlieferanten zu eigenen Gunsten verlangen.

g) Dokumente:

- Dokumente des Unterlieferanten müssen früher beim Verkäufer sein.
- Dokumente müssen übersetzt sein, wenn dies der Vertrag mit dem Endkunden verlangt.
- Eventuell sollte man von Montage- und Betriebsanleitungen ein zusätzliches Exemplar für den eigenen Montageleiter verlangen.

h) Ersatzteile: Muss man sich im Vertrag mit dem Endkunden verpflichten, dass Ersatzteile auch für die Dauer von x Jahren verfügbar sind, sollte man dies auch vom Unterlieferanten verlangen.

i) Bei Lieferungen nach USA und Kanada:

Der Unterlieferant versichert, dass er eine ausreichende Betriebshaftpflichtversicherung hat, die auch Schäden in USA/Kanada deckt.

The supplier affirms that he has taken out a sufficient product liability insurance covering also damages in USA/Canada.

j) Schutzrechte: Der Lieferant sollte dafür haften, dass die von ihm gelieferte Ware keine Schutzrechte im Land des Endkunden verletzt.

k) Um zu verhindern, dass der Lieferant bei Nachfolgeaufträgen „zulangt", kann man Vorsorge für mögliche Erweiterungen nach Vertragsabschluss treffen:

> Eventuell notwendig werdende Zusatzaufträge werden von den Lieferanten zu den gleichen Bedingungen und auf der gleichen Preisgrundlage ausgeführt wie im vorliegenden Vertrag. Unwesentliche Änderungen, die keinen großen Kostenaufwand erfordern, werden unentgeltlich durchgeführt.
>
> *Supplementary agreements if necessary have to be executed on the same terms and on the same price calculation based upon this contract. Non-essential changes which non require material costs shall be carried out free of charge.*

II Der Handelsvertretervertrag

II Der Handelsvertretervertrag

1 Allgemeines

Handelsvertreter ist, wer als selbstständiger Gewerbetreibender ständig damit betraut ist, für einen anderen Unternehmer Geschäfte zu vermitteln oder in dessen Namen abzuschließen, § 84 HGB. Der Handelsvertreter wird also in fremdem Namen und für fremde Rechnung tätig. Dies unterscheidet ihn vom Vertragshändler, der in eigenem Namen und für eigene Rechnung tätig wird. Die Kaufverträge kommen beim Handelsvertretervertrag direkt zwischen Unternehmer und Endkunden zustande. Die Vorschriften für den Handelsvertreter ergeben sich aus den §§ 84–92c HGB.

Der Handelsvertreter muss „selbstständig" sein. Das heißt, er muss seine Tätigkeit im Wesentlichen frei gestalten und seine Arbeitszeit frei bestimmen können. Dies kann ein Problem sein, wenn genaue Tagespläne und ein bestimmtes Arbeitspensum vorgegeben werden. Dann kann es sich in Wirklichkeit um einen Arbeitnehmer handeln, selbst wenn der Vertrag als „Handelsvertretervertrag" bezeichnet wird. Bei einer solchen Gestaltung nützt auch bei einem Ausländer die Vereinbarung deutschen Rechts und eines deutschen Gerichtsstandes nichts, da nach vielen Rechtsordnungen einem Arbeitnehmer der örtliche Arbeitsschutz nicht entzogen werden darf und er somit trotzdem vor Gerichten seines Landes klagen kann.

Vertragspartner kann sowohl eine natürliche Person wie auch eine Gesellschaft sein.

Zu beachten ist, dass man einen Vertrag nicht im Teil kündigen kann. Das gilt für Handelsvertreterverträge genauso wie für Arbeitsverträge usw. Wenn man bei einem Handelsvertretervertrag z.B. die Produktpalette verkleinern oder das Vertragsgebiet einschränken will, muss man den gesamten Vertrag kündigen (Formvorschriften und Fristen beachten!) – und evtl. ein Angebot über einen neuen Vertrag mit vermindertem Umfang machen (Änderungskündigung), das der Handelsvertreter aber nicht annehmen muss.

Wenn man sich von vornherein vorbehalten will, dass man später z.B. das Vertragsgebiet verkleinert, muss man ausdrücklich einen solchen Vorbehalt vereinbaren – wenn sich der Handelsvertreter darauf einlässt.

Oftmals wird es sich empfehlen, dass man zuerst einen Vorvertrag abschließt, der bis zu einem bestimmten Zeitpunkt befristet ist und der bei Bewährung auf unbestimmte Zeit verlängert werden kann oder dass bei Bewährung ein neuer ausführlicher unbefristeter Vertrag abgeschlossen wird. Aber auch in diesem Fall sollten gewisse Punkte wie die Provisionsregelung, die Wettbewerbsklausel und die Geheimhaltungspflicht genauso intensiv geregelt werden wie im endgültigen Vertrag.[8]

---

8 Wir weisen im Übrigen auf das praxisnahe Buch von Detzer/Ullrich: „Gestaltung von Verträgen mit ausländischen Handesvertretern und Vertragshändlern" hin.

2 Vertragsprodukte

Meist ist es empfehlenswert, „Produktgruppen“ als Vertragsprodukte zu benennen. Eine Vertretung für alle Produkte zu bestellen, kann sich als nachteilig erweisen, wenn man später einen neuen Produktbereich zukauft und dann auch die Vertretungen für diesen Produktbereich übernehmen will. In diesem Fall würde der Handelsvertreter automatisch auch für die neuen Produkte zuständig sein.

Wenn man andererseits als Vertragsprodukte genaue Typenbezeichnungen aufführt, müsste man den Vertrag ändern, wenn das Nachfolgemodell auf den Markt kommt.

Zu regeln ist, ob auch Ersatzteile und Handelsware inbegriffen sein sollen. Gerade Handelsware kann oft nur mit einem geringen Aufschlag an den Kunden weiterverkauft werden. Häufig werden solche Waren mit einer geringeren Provision vergütet (→ II.7.2).

Das Vertretungsprogramm umfasst die folgenden Erzeugnisse, die vom Unternehmer hergestellt werden:

The following Products manufactured by the Principal are covered by this Agreement:

3 Vertragsgebiet

Das Vertragsgebiet sollte genau definiert sein. Pauschale Begriffe wie „Amerika“ oder „Südostasien“ sind zu vermeiden. Es kann sich auch empfehlen, eine Landkarte beizufügen, auf der das Gebiet eingezeichnet ist.

Das folgende Gebiet wird dem Vertreter übertragen:
The Territory assigned to the Agent comprises:

4 Vertretungsumfang

Hier ist festzulegen, ob der Handelsvertreter das Alleinvertretungsrecht für das Vertragsgebiet hat oder nicht. Oft wird sich auch der Unternehmer das Recht vorbehalten, selbst im Vertragsgebiet tätig zu werden (zum Provisionsanspruch → II.7.2). Er sollte jedoch in diesem Fall den Handelsvertreter unterrichten.

Es können auch bestimmte Kunden, die namentlich benannt werden oder bestimmte Kundengruppen (z.B. öffentliche Auftraggeber oder Großhändler) ausgenommen werden.

Der Unternehmer überträgt dem Vertreter die Alleinvertretung für das Vertragsgebiet. Er ist nicht berechtigt, im Vertragsgebiet für die genannten Erzeugnisse einen anderen Vertreter zu bestellen. Der Unternehmer ist jedoch befugt, selbst im Vertragsgebiet tätig zu werden; in diesen Fällen hat der Unternehmer den Vertreter darüber zu unterrichten, soweit nicht ein wesentliches Interesse des Unternehmers dem entgegen steht.

Die folgenden Kunden werden direkt vom Unternehmer bearbeitet *(evtl. ergänzen:* ohne Provisionsanspruch des Vertreters):

Der Vertreter darf nicht ohne Zustimmung des Unternehmers außerhalb des Vertragsgebietes tätig werden. Er ist jedoch ohne Provisionsanspruch verpflichtet, Anfragen von außerhalb des Vertragsgebietes an den Unternehmer weiterzuleiten.

The Principal assigns to the Agent exclusivity in the Territory. The Principal shall not be entitled to appoint another agent within the Agent's Territory for the Products specified above. The Principal shall be entitled, however, to act within the Agent's Territory on his own behalf; in that event, the Principal shall inform the Agent accordingly, unless this is in conflict with some fundamental interests of the Principal.

The following customers shall be handled directly by the Principal (evtl. ergänzen: *without the Agent's right to a commission):*

The Agent shall not be authorised to engage himself in activities outside the Territory, without the prior consent of the Principal. The Agent shall, however, pass on to the Principal enquiries received from outside the Territory, without being entitled to any commission.

5 Rechtsstellung des Handelsvertreters

5.1 Pflichten des Handelsvertreters

Natürlich hat der Handelsvertreter in erster Linie die Aufgabe, Handelsgeschäfte zu vermitteln und dazu Kunden regelmäßig zu besuchen. Dazu kann man bestimmte Besuchsintervalle für einzelne Kunden festschreiben. Es sollte ausdrücklich festgelegt sein, dass der Handelsvertreter keine Abschlussvollmacht besitzt.

Weitere mögliche Aufgaben:

- Unterstützung des Verkaufs- und Montagepersonals des Unternehmers (z.B. Reiseplanung, Hotelreservierung und Begleitung während der Reise);
- regelmäßiger Besuch der Kunden während der Gewährleistungszeit einer ausgelieferten Ware, unverzügliche Weiterleitung von Beschwerden;
- eventuell übernimmt der Handelsvertreter Gewährleistungsarbeiten für den Unternehmer; die Modalitäten sollten gesondert geregelt sein (→ III.7.3).

Der Vertreter hat die Interessen des Unternehmers mit der Sorgfalt eines ordentlichen Kaufmannes wahrzunehmen. Er hat die Aufgabe, Verkaufsgeschäfte für den Unternehmer zu vermitteln. Dazu hat er mit Abnehmern und Interessenten Verhandlungen zu führen und Kunden sowie mögliche Kunden im Vertretungsgebiet regelmäßig zu besuchen.

Der Vertreter hat die vom Unternehmer festgesetzten Preise sowie Liefer- und Zahlungsbedingungen zu beachten. Außerdem ist er verpflichtet, den Unternehmer über die Zahlungsfähigkeit der Kunden zu informieren und ihn beim Einzug von Forderungen unterstützen.

Abschlussvollmacht besitzt der Vertreter nicht.

Der Vertreter hat das Verkaufs- und Montagepersonal des Unternehmers zu beraten und zu unterstützen (z.B. durch Hotelreservierungen und Reiseplanung) und er hat die Mitarbeiter des Unternehmers zu begleiten.

Während der Garantiezeit einer Maschine oder Anlage, die in das Vertragsgebiet geliefert wurde, hat der Vertreter die Kunden regelmäßig zu besuchen. Mängelrügen, die ihm bekannt werden, hat er unverzüglich an den Unternehmer weiterzuleiten.

The Agent shall represent the interests of the Principal with the due diligence of a responsible businessman. It shall be his duty to negotiate sales transactions on behalf of the Principal. To this effect, he shall conduct negotiations with buyers and interested parties and regularly visit the customers and prospective customers in the Territory.

The Agent shall respect the prices as well as the conditions of delivery and payment as fixed by the Principal. He is also under obligation to inform the Principal regarding customer solvency and to support him in collecting outstanding claims.

The Agent shall not be authorised to enter into a contract on behalf of the Principal.

The Agent shall give advice and assistance to the sales and installation personnel of the Principal (such as making hotel reservations and planning itineraries) and shall accompany the personnel of the Principal.

During the warranty period of a machine or plant delivered into the Territory, the Agent shall visit the customers regularly. Notices of defects which come to his knowledge shall be passed by the Agent immediately to the Principal.

5.2 Informationspflicht

Eine Informationspflicht kann unterschiedlich ausgestaltet sein:

- Der Handelsvertreter kann verpflichtet werden, dem Unternehmer Kopien seiner wesentlichen Geschäftskorrespondenz zuzusenden.
- Er muss regelmäßig (jeden Monat oder einmal im Quartal) einen Bericht über seine Tätigkeit schicken.

Vor allem sollte sich der Handelsvertreter einmal im Jahr die Zeit nehmen, um über Grundsätzliches nachzudenken. Er sollte deshalb jährlich zum Jahresende einen ausführlichen Bericht zusenden über

- Marktlage der Produkte allgemein,
- Bericht über bestehende und mögliche Kunden,
- Aktivitäten, Stärken und Schwächen der Konkurrenz und Konkurrenzprodukte,
- Geplanter Jahresumsatz,
- Verbesserungsvorschläge.

Der Vertreter ist verpflichtet, dem Unternehmer Kopien wesentlicher Geschäftskorrespondenz zuzusenden. Außerdem hat er dem Unternehmer jeden Monat *(oder: vierteljährlich)* einen schriftlichen Statusbericht zuzusenden.

Zum Ende eines jeden Kalenderjahres hat der Vertreter spätestens bis zum 30. November dem Unternehmer einen ausführlichen schriftlichen Marktbericht zuzusenden mit folgendem Inhalt:

- Marktlage für die Vertragsprodukte allgemein
- Bericht über bestehende und mögliche Kunden
- Aktivitäten, Stärken und Schwächen der Konkurrenz
- geplanter Jahresumsatz für das nächste Jahr
- Verbesserungsvorschläge

The Agent shall send to the Principal copies of significant business correspondence. Moreover, the Agent shall send the Principal every month (oder: *quarterly) written status reports.*

By the end of each calendar year, but no later than the 30th of November the Agent shall submit to the Principal a detailed written report regarding the following subjects:

- *General marketing situation for the Products*
- *Report on existing and potential customers*
- *Activities, strengths and weaknesses of the competitors*
- *Projected turnover for the following year*
- *Suggestions for improvement*

Die Berichte aller Vertretungen, die ihr Ohr dicht am Kunden haben, sind eine gute Grundlage für die Planung der Geschäfts-/Vertriebsleitung selbst. Natürlich ist es gut, ab und zu auf die Berichte des Handelsvertreters einzugehen, damit er merkt, dass diese nicht im Papierkorb landen.

5.3 Werbung durch den Handelsvertreter

Der Umfang der Werbung ist zu spezifizieren:

- Hat der Handelsvertreter auch Messen und Ausstellungen zu organisieren? Beteiligt sich der Unternehmer daran?
- Hat der Handelsvertreter Anzeigen zu schalten? Beteiligt sich der Unternehmer daran?
- Fachartikel sollten mit dem Unternehmer abgesprochen sein, damit sich keine Fehler einschleichen.
- Soll der Handelsvertreter zur Anwesenheit auf einer Messe im Land des Unternehmers oder in einem anderen Land verpflichtet sein? Trägt er selbst die Kosten oder beteiligt sich der Unternehmer daran? (Wenn ja, wie?)

Der Vertreter ist verpflichtet, auf eigene Kosten für den Unternehmer zu werben. Er hat Messen und Ausstellungen im Vertragsgebiet zu organisieren und an Messen und Ausstellungen außerhalb des Vertragsgebietes auf Wunsch des Unternehmers teilzunehmen. Vereinbarungen über eine Beteiligung des Unternehmers an den Auslagen in Verbindung mit solchen Werbeaktivitäten sind von Fall zu Fall zuvor gesondert zu treffen, insbesondere in den Fällen, in denen eine Aktion vom Unternehmer verlangt wurde. Das Gleiche gilt für Anzeigen in der Fachpresse sowie Fachartikel, die der Vertreter mit dem Unternehmer abzustimmen hat.

The Agent shall engage in sales promotion and publicity on behalf of the Principal at his own expense. He shall organise fairs and exhibitions in the Territory and participate in fairs and exhibitions outside the Territory at the request of the Principal. An agreement on a case-by-case basis regarding remuneration for expenses in conjunction with such promotional activities, especially in the case of an action requested by the Principal, shall be concluded separately beforehand. The same shall apply to advertisements in the technical press or to technical articles whose content is to be agreed upon with the Principal.

5.4 Wettbewerbsverbot, Vertretung anderer Firmen

Wesentlich ist es, ein Wettbewerbsverbot zu vereinbaren, insbesondere wenn der Handelsvertreter das Alleinvertretungsrecht besitzt.

Häufig wird der Handelsvertreter auch noch andere Firmen vertreten. Oft kann der Handelsvertreter gar nicht wissen, dass eine andere von ihm vertretene Firma auf bestimmten Gebieten eine Konkurrenz des Unternehmers ist. Deshalb ist es sinnvoll, wenn der Handelsvertreter verpflichtet wird, die anderen von ihm vertretenen Firmen mitzuteilen. Man kann auch die Vertretung anderer Firmen von der Genehmigung des Unternehmers abhängig machen und evtl. ergänzen, dass die Genehmigung nicht ohne triftigen Grund verweigert werden darf.

Es kann sich auch empfehlen, dem Vertreter eine Vertragsstrafe aufzuerlegen, wenn er gegen das Wettbewerbsverbot verstößt (→ II.5.6 – Geheimhaltung).

Der Vertreter ist verpflichtet, jeden Wettbewerb gegenüber dem Unternehmer zu unterlassen – sowohl innerhalb als auch außerhalb des Vertragsgebietes. Insbesondere darf er dabei keine Firmen vertreten oder sich direkt oder indirekt an Firmen beteiligen oder Firmen beraten, die gleiche oder gleichartige Erzeugnisse wie der Unternehmer herstellen oder vertreiben – auch darf er selbst keine Erzeugnisse aus dem Programm des Unternehmers herstellen oder mit solchen Erzeugnissen im eigenen Namen und für eigene Rechnung handeln. Dies gilt auch für gebrauchte Produkte.

Der Vertreter hat bei Vertragsabschluss nur die in der Anlage ... aufgeführten Vertretungen inne. Wenn der Vertreter während des Vertragsverhältnisses beabsichtigt, einen Vertretungsvertrag mit einer weiteren Firma abzuschließen, die nicht gleiche oder ähnliche Produkte herstellt, bedarf er der vorherigen Zustimmung des Unternehmers; diese Zustimmung kann jedoch nicht ohne triftigen Grund verweigert werden. Außerdem hat der Vertreter jede Absicht, eine Untervertretung zu benennen, dem Unternehmer mitzuteilen.

The Agent shall refrain from any competition whatsoever against the Principal, not only within but also outside the Territory. In particular, he shall not represent or associate directly or indirectly with firms nor shall he advise firms that manufacture or distribute the same or similar products as the Principal; he shall also refrain from manufacturing products of the Principal's range or from trading such products in his own name and for his own account. This shall also apply to used products.

At the time of the execution of this Agreement the Agent has entered into only those agency agreements listed in annex ... Should the Agent intend to enter into an agency contract with another firm that does not manufacture identical or similar products, he must obtain the prior consent of the Principal, which may, however, not be withheld unless there is a good and sufficient reason. Any intention to appoint a subagent shall be conveyed to the Principal.

Es ist auch möglich, ein nachvertragliches Wettbewerbsverbot zu vereinbaren. Dann darf der Handelsvertreter für eine gewisse Zeit nach Beendigung des Vertrages keinen Wettbewerb betreiben. Es darf maximal zwei Jahre dauern und der Unternehmer muss eine angemessene Karenzentschädigung zahlen (§ 90a HGB).

5.5 Regeln des lauteren Wettbewerbs

Der Handelsvertreter sollte verpflichtet werden, die Regeln des lauteren Wettbewerbs zu beachten.

Der Handelsvertreter wird verpflichtet, die Regeln des lauteren Wettbewerbs zu beachten. Er unterrichtet den Unternehmer unverzüglich, sobald er erfährt, dass Dritte gegen die Regeln des lauteren Wettbewerbs verstoßen oder die gewerblichen Schutzrechte des Unternehmers verletzen und unterstützt ihn bei der Abwehr solcher Rechtsverletzungen.

The Agent shall observe the rules of fair competition. He shall immediately inform the Principal of any violation of the rules of fair competition and of Principal's industrial property rights by third parties which has come to his knowledge, and he shall assist the Principal in the defence against such violation.

5.6 Geschäfts- und Betriebsgeheimnisse

Der Handelsvertreter soll die Geschäfts- und Betriebsgeheimnisse des Unternehmers bewahren. Diese Verpflichtung sollte natürlich auch noch nach Ende des Vertretungsvertrages fortbestehen.

Oftmals kommt der Handelsvertreter auch mit Schwester- oder Tochterfirmen des Unternehmers in Berührung. Dann sollte die Geheimhaltungsverpflichtung auch auf diese ausgedehnt werden.

Insbesondere darf der Vertreter Geschäfts- und Betriebsgeheimnisse, die ihm durch seine Tätigkeit in irgendeiner Weise bekannt werden, nicht verwerten oder anderen Personen mitteilen; dies gilt auch nach Beendigung dieses Vertrages. Dieselbe Verpflichtung hat der Vertreter seinen Mitarbeitern aufzuerlegen sowie anderen Personen, welche er zu der Erfüllung seiner vertraglichen Pflichten heranzieht. Die Geheimhaltungspflicht gilt auch gegenüber anderen Firmen, mit denen der Unternehmer verbunden ist.

In particular, the Agent shall not exploit or disclose to third parties any business and production secrets that are revealed to him in the course of his activities, irrespective of whether or not this Agreement is still in force. The same obligation must be imposed by the Agent on his staff and other persons engaged in fulfilling this Agreement. This obligation to secrecy shall also be relevant in relation to other companies connected with the Principal.

In Branchen, in denen bei einer Verletzung der Geheimhaltungspflicht ein besonders hoher Schaden entstehen kann, sollte ergänzend eine Klausel eingefügt werden, dass für jeden Fall der Zuwiderhandlung eine Vertragsstrafe festgelegt ist; es ist nämlich andernfalls fast unmöglich, den durch eine solche Zuwiderhandlung entstandenen Schaden vor Gericht genau zu beziffern und zu beweisen.

Für den Fall der Zuwiderhandlung gegen die Geheimhaltungsverpflichtung hat der Vertreter eine Vertragsstrafe von EUR ... zu zahlen. Die Geltendmachung eines höheren Schadens bleibt vorbehalten.

In the case of any infringement of this confidentiality obligation, the Agent shall pay EUR ... as liquidated damages. The Principal reserves the right to claim additional damages.

5.7 Schulungen

Wichtig ist, dass der Handelsvertreter regelmäßig an Schulungen im Betrieb des Unternehmers teilnimmt. Es ist zu regeln, ob dies auf eigene Kosten geschieht, oder ob der Unternehmer z.B. die Hotelkosten übernimmt. Vor allem neue Mitarbeiter des Handelsvertreters, die die Produkte des Unternehmers vertreiben sollen, sollten vorab intensiv geschult werden.

Der Vertreter hat sein Verkaufspersonal in Bezug auf die Technologie des Unternehmers in den Betrieben des Unternehmers für mindestens 14 Tage zu schulen. Reisekosten und Gehalt sind vom Vertreter zu zahlen, Kosten für die Schulung und Aufenthalt werden vom Unternehmer übernommen.

The Agent shall have his personnel trained in the Principal's technology at the Principal's premises for at least 14 days. Travel and labour costs shall be borne by the Agent, costs for training and accommodation by the Principal.

5.8 Inkasso

Meist wird es nicht zweckmäßig sein, den Handelsvertreter zu berechtigen, Forderungen des Unternehmers einzuziehen. Es ist hingegen aber sinnvoll, dass er verpflichtet wird, den Unternehmer dabei zu unterstützen.

Zur Annahme von Zahlungen an den Unternehmer ist der Vertreter nur mit ausdrücklicher Ermächtigung im Einzelfall befugt. Er ist jedoch verpflichtet, den Unternehmer bei der Einziehung von Forderungen zu unterstützen.

The Agent shall not be authorised to accept payments on behalf of the Principal, except when expressly so authorised in a particular case. He shall, however, assist the Principal in collecting outstanding payments.

6 Rechtsstellung des Unternehmers

6.1 Unterstützungspflicht

Der Unternehmer hat den Handelsvertreter bei der Ausübung seiner Tätigkeit zu unterstützen. Insbesondere hat er ihm Informations- und Werbematerial, Preislisten und seine AGB zur Verfügung zu stellen.

Der Unternehmer hat den Vertreter bei der Ausübung seiner Tätigkeit zu unterstützen. Insbesondere hat der Unternehmer dem Vertreter die erforderlichen Unterlagen zur Verfügung zu stellen und die erforderlichen Informationen zu geben. Der Unternehmer hat dem Vertreter kostenlos genügend Werbematerial zur Verfügung zu stellen.

The Principal shall assist the Agent in the performance of his duties. In particular, the Principal shall place at Agent's disposal any supporting documentation that may be required and shall provide him with necessary information. The Principal shall make available sufficient promotional material, at no cost to the Agent.

6.2 Informationspflicht

Natürlich ist es dem Unternehmer freigestellt, ob er ein vermitteltes Geschäft auch abschließt. Er hat den Handelsvertreter jedoch unverzüglich über die Annahme, Ablehnung oder Änderung eines Geschäfts zu informieren.

Es steht dem Unternehmer frei, ein von dem Vertreter vermitteltes Geschäft abzuschließen oder abzulehnen. Im Falle der Ablehnung hat er den Vertreter unverzüglich zu informieren.

The Principal shall be free to decide whether or not to accept or reject any transaction which has been negotiated by the Agent. In case of refusal he shall inform the Agent without delay.

7 Provision

7.1 Provisionspflicht

a) Bezirksprovision

Die Bezirksprovision dürfte die häufigste Art sein, vor allem wenn der Handelsvertreter das Alleinvertretungsrecht hat. Dabei erhält der Handelsvertreter Provision für alle Geschäfte, die mit im Vertretungsgebiet ansässigen Kunden während der Vertragslaufzeit abgeschlossen werden, gleichgültig, ob sie von ihm vermittelt wurden oder nicht.

Nach § 87 Abs. 3 HGB erhält der Handelsvertreter auch Provision für ein Geschäft, das erst nach Beendigung des Vertrages abgeschlossen wird, wenn der Abschluss überwiegend auf seine Tätigkeit zurückzuführen ist und innerhalb einer angemessenen Frist nach Vertragsende abgeschlossen wird; dieser Provisionsanspruch kann jedoch vertraglich ausgeschlossen werden.

Oft liefert der Unternehmer an einen Kunden in einem anderen Gebiet, der dann wiederum in das Gebiet des Handelsvertreters weiterliefert. Es empfiehlt sich ausdrücklich aufzunehmen, dass in diesem Fall kein Provisionsanspruch besteht.

Der Vertreter erhält für alle Verkaufsgeschäfte, die der Unternehmer während der Dauer des Vertragsverhältnisses mit den im Vertragsgebiet ansässigen Kunden abschließt, eine Provision. Geschäfte, die erst nach Beendigung dieses Vertrages abgeschlossen werden, sind nicht provisionspflichtig. Für Lieferungen Dritter in das Vertragsgebiet erhält der Vertreter keine Provision.

For all sales contracts which the Principal enters into with customers residing in the Agent's Territory during the period of validity of this Agreement, the Agent shall receive a commission. No commission shall be payable for sales contracts which are concluded after the termination of this Contract. No commission shall be payable on deliveries by third parties in the Territory.

b) Vermittlungsprovision

Dabei erhält der Handelsvertreter Provision für alle Geschäfte, die mit im Vertretungsgebiet ansässigen Kunden während der Vertragslaufzeit abgeschlossen werden und die auf seine Tätigkeit zurückzuführen sind.

Meist erhält der Handelsvertreter dann auch Provision für die Geschäfte, die mit Kunden zustande kommen, die er für Geschäfte der gleichen Art bereits einmal geworben hat.

7.2 Provisionshöhe

a) Staffelung

Oft wird die Provision nach der Auftragshöhe gestaffelt, z.B.

- bei Auftragswerten bis 100.000 € 10 %
- bei Auftragswerten über 100.000 € 8 %

Bei einer solchen Regelung kann es vorkommen, dass der Handelsvertreter bei einem höheren Auftragswert weniger Provision erhält, z.B. bei einem Auftragswert von 100.000 € erhält er 10 % = 10.000 € Provision, bei einem Auftragswert von 120.000 €: 8 % = nur 9.600 € Provision.

Besser ist es deshalb, innerhalb eines Auftrags zu staffeln, z.B.

▶ bei Auftragswerten bis 100.000 €	10 %
▶ bei Auftragswerten über 100.000 €	zusätzlich 8 % von dem Wert, der über 100.000 € liegt usw.

Beim o.g. Beispiel würde der Handelsvertreter bei einem Auftragswert von 120.000 € folgende Summe bekommen:

Für die 100.000 €:	10 % = 10.000 €
Für die übersteigenden 20.000 €:	8 % = 1.600 €
Insgesamt	11.600 €

Beispiel:

Der Vertreter erhält je Auftrag bei Werten:

bis EUR 100.000	10 %
von EUR 100.000 bis EUR 200.000	8 %
über EUR 200.000	6 %

Die Provision ist kumulativ.

The Agent receives per order a commission of:

up to EUR 100.000	*10 %*
from EUR 100.000 up to EUR 200.000	*8 %*
over EUR 200.000	*6 %*

This commission is cumulative.

b) Gesonderte Provisionssätze

Gesonderte Provisionssätze werden oft in folgenden Fällen vereinbart, bzw. die Provision wird ausgeschlossen:

- Für Ersatzteile, für Handelsware (entweder es handelt sich insgesamt um ein reines Handelsgeschäft oder z.B. um Aggregate, die eine Anlagenbaufirma von dritten Firmen zukauft und in ihre Anlagen integriert) – Handelsware wird oft mit geringen Zuschlägen kalkuliert.

  Für Ersatzteilaufträge und für den Verkauf von Fremderzeugnissen, die nicht wesentliche Bestandteile der vertraglichen Erzeugnisse sind, geschlossen während der Laufzeit des Vertrages, erhält der Vertreter eine Provision von: ... %

  For spare-part orders and for sales of goods of third parties, unless these are essential component parts of the Products, concluded during the term of this Agreement the Agent will receive a commission of: ... %

- Bei Bezirksprovision: für Geschäfte mit vom Handelsvertreter neu geworbenen Kunden/für Geschäfte mit Altkunden/für Geschäfte, die der Unternehmer ohne Zutun des Vertreters abgeschlossen hat.

Die Provision beträgt für

- Geschäfte mit neu geworbenen Kunden, die der Vertreter vermittelt hat: ... %
- Geschäfte mit übernommenen Altkunden, die der Vertreter vermittelt hat: ... %
- Geschäfte, die der Unternehmer ohne die Mitwirkung des Vertreters unmittelbar abgeschlossen hat: ... %

The commission shall be for

- *sales contracts with new customers realised with the assistance of the Agent:* ... %
- *sales contracts with already existing customers realised with the assistance of the Agent:* ... %
- *sales contracts concluded directly by the Principal without assistance of the Agent:* ... %

- Eine mindere Provision, wenn ein niedrigerer Preis mit dem Kunden vereinbart werden muss.

An Preisnachlässen beteiligt sich der Vertreter gemäß besonderer Vereinbarung von Fall zu Fall.

If a discount must be granted to the customer, the Agent shall contribute in accordance with a special agreement.

- Bei Überschreiten eines bestimmten Jahresumsatzes wird ein Mengenbonus gewährt.
- Für verschiedene Produktgruppen werden verschiedene Provisionssätze vereinbart.

c) Bemessungsgrundlage

Oft wird nur der Nettowarenwert ab Werk bei der Berechnung der Provision zugrunde gelegt, dabei kommen in Abzug:

- Kosten für Fracht, Verpackung, Transportversicherung, Zoll, Steuern, Provisionen Dritter,
- Kosten für Montage, Inbetriebsetzung und ähnliche Nebenleistungen, die im Wesentlichen aus Arbeitsaufwand bestehen.

Die Provision wird aus dem Nettowarenwert ab Werk berechnet abzüglich Rabatte (ausgenommen Barzahlungsrabatte) und ohne Nebenkosten wie Finanzierungskosten, Provisionen Dritter, Kosten für Fracht, Rollgeld, Verpackung, Versicherung, Zoll, Steuern und Abgaben und ohne Montage bzw. Montageleitung, Inbetriebsetzung und ähnliche Nebenleistungen, die im Wesentlichen aus Arbeitsaufwand bestehen.

The commission shall be computed on the basis of the ex works selling price without rebate (except for cash discount) and incidental costs such as costs for financing and commission of third parties, costs for freight, cartage, packing, insurance, customs duties, taxes and other dues and without costs of installation or supervision of installation and commissioning and similar services which are essentially work and labour.

7.3 Fälligkeit und Abrechnung der Provision

Gemäß § 87a HGB hat der Handelsvertreter „Anspruch auf Provision, sobald und soweit der Unternehmer das Geschäft ausgeführt hat", falls nichts anderes vertraglich vereinbart ist. Die Provisionsfälligkeit sollte im Vertrag genauer beschrieben sein.

Oft wird geregelt, dass der Anspruch auf Provision nach Maßgabe und im Verhältnis der eingegangenen Zahlungen entsteht. Wenn also der Kunde 20 % Anzahlung, 70 % bei Lieferung und 10 % bei Abnahme bezahlt hat, stehen dem Handelsvertreter auch jeweils die entsprechenden Prozentsätze seiner Provision zu.

Eine Festlegung, dass eine Zahlung erst als eingegangen gilt, wenn der Unternehmer über den gezahlten Betrag frei verfügen kann, ist vor allem wichtig, wenn der Endkunde mit Scheck bezahlt. Erst wenn der Scheckbetrag unwiderruflich gutgeschrieben ist, hat der Unternehmer Rechtssicherheit.

Aus Vereinfachungsgründen wird manchmal bestimmt, dass dem Handelsvertreter die gesamte Provision zusteht, wenn bei dem Unternehmer die bei Lieferung fällige Hauptzahlung eingegangen ist.

Nach § 87c HGB ist über die Provision monatlich abzurechnen, der Abrechnungszeitraum kann jedoch auf höchstens drei Monate erstreckt werden. Die Abrechnung selbst und die Überweisung müssen bis zum Ende des folgenden Monats ausgeführt werden.

Meist wird die Provision in derselben Währung gezahlt, in der der Kunde leistet.

Der Anspruch auf Provision entsteht erst nach Begleichung der Rechnung durch den Kunden, und zwar nach Maßgabe und im Verhältnis der eingegangenen Zahlungen. Eine Zahlung gilt als eingegangen, wenn der Unternehmer über den gezahlten Betrag frei verfügen kann.

Der Unternehmer hat über die Provisionsansprüche des Vertreters jeweils für ein Kalendervierteljahr abzurechnen. Die Abrechnung und die Zahlung müssen bis zum Ende des darauf folgenden Monats ausgeführt sein.

Die Provision ist in der Währung des Verkaufsgeschäftes zu zahlen. Umsatzsteuern, die im Land des Vertreters auf die Provision erhoben werden, gehen zu Lasten des Vertreters.

The right to a commission shall not accrue to the Agent unless and until the invoice has been settled by the customer; it shall only accrue in proportion with the payments actually received. A payment shall be regarded as received, when the Principal has unencumbered access to the amount paid.

The Principal shall account for commission claims for each quarter of a calendar year. The commission statement shall be supplied and payment shall be effected by the end of the month thereafter.

The commission shall be paid in the currency of the sales transaction. Any turnover tax imposed on the commission in the Agent's territory will be to the Agent's account.

Der Handelsvertreter kann eine übersichtliche und vollständige Zusammenstellung der provisionspflichtigen Geschäfte („Buchauszug" genannt) verlangen, § 87c Abs. 2 HGB.

7.4 Überschneidungen

Häufig werden im Zuge der Zentralisierung mit der Einkaufszentrale in einem Land die Verhandlungen geführt, die Lieferung erfolgt aber in ein anderes Land. Um Streitigkeiten zu vermeiden, sollte dies geregelt werden. Wichtig ist eine einheitliche Regelung in allen Handelsvertreterverträgen.

Führt der Vertreter mit einem Interessenten seines Vertragsgebiets die Vorverhandlungen, wird das Geschäft dann aber durch ein Stammhaus oder eine Einkaufszentrale des Interessenten außerhalb des Vertragsgebiets abgeschlossen, so erhält der Vertreter für dieses Geschäft die volle Provision. Dies gilt nicht, wenn auch der Vertreter, der für das Stammhaus oder die Einkaufszentrale zuständig ist, bei der Vermittlung des Geschäfts mitgewirkt hat. In diesem Fall wird die zu zahlende Provision geteilt. Ob ein solcher Fall vorliegt und in welchem Verhältnis die Provision zu teilen ist, entscheidet der Unternehmer nach billigem Ermessen nach Anhörung beider Vertreter, sofern sich diese nicht über die Teilung der Provision einigen. Bei der Provisionsteilung ist für jeden der beiden Vertreter der mit ihm vereinbarte Provisionssatz maßgebend.

Das Gleiche gilt für den Fall, dass der Vertreter mit einem Interessenten im Vertretungsgebiet über den Kauf einer Maschine oder Anlage verhandelt, diese aber in einem anderen Land aufgestellt wird.

If the Agent conducts the preliminary negotiations with a customer residing within his Territory, but the contract proper, however, is concluded by a parent firm or a purchasing office of the customer outside the Territory, the Agent shall receive the total commission. This shall not apply where another agent whose territory includes the parent firm or the purchasing office of the customer takes part in the negotiation of the business transaction. In this case, the commission for the business transaction shall be divided. The Principal, after having heard both agents concerned, shall decide by exercise of reasonable discretion whether such a case exists and in which proportion the commission shall be divided unless the agents agree to the nature and amount of the division of the commission. Where the commission is divided, the amounts to be paid shall be determined according to the rates agreed to by each agent.

The same shall apply if the Agent has conducted negotiations with a customer in his Territory regarding the sale of a machine or plant which, however, is to be erected in another territory.

Man kann natürlich auch – um Diskussionen zu vermeiden – vereinbaren, dass in diesen Fällen z.B. jeder Handelsvertreter die Hälfte seiner Provision bekommt.

7.5 Abgeltung

Es empfiehlt sich die Klarstellung, dass mit der Provisionszahlung alle Kosten abgegolten sind.

Alle Kosten, die dem Vertreter durch die Tätigkeit entstehen, gelten durch die von dem Vertreter zu beanspruchende Provision als abgegolten.

All the expenses of the Agent resulting from his activities shall be regarded as covered by the commission that the Agent may claim.

7.6 Fixum

Manchmal erhält der Handelsvertreter auch zusätzlich ein Fixum, oft auch für die Anfangsjahre, wenn er eine Vertretung neu aufbauen muss; oder er erhält einen Ausgleich für Lagerhaltung, wenn eine solche vereinbart ist.

Zusätzlich zur vereinbarten Provision erhält der Vertreter für die Zeit vom ... bis ... eine monatliche Fixzahlung von EUR ... jeweils zahlbar zum Ende eines jeden Kalendermonats.

Additional to the agreed commission the Agent shall receive for the time being from ... to ... a monthly fixed remuneration of EUR ... payable at the end of each calendar month.

7.7 Übernahmepreis

Übernimmt der Handelsvertreter ein gut eingeführtes Vertragsgebiet, für das er Bezirksprovision erhält, kann auch ein Übernahmepreis vereinbart werden. Dieser kann mit Provisionen verrechnet werden oder auch mit dem späteren Ausgleichsanspruch (→ II.8.3), er darf diesen bezüglich der Höhe aber nicht völlig kompensieren.

Für die Übernahme des eingeführten Vertragsgebietes zahlt der Vertreter an den Unternehmer eine Übernahmegebühr von EUR ..., die in monatlichen Raten von EUR ... von der Provision einbehalten wird.

For the taking-over of the well established Territory the Agent shall pay to the Principal a taking-over-fee of EUR ..., to be withheld from the commission due in monthly instalments of EUR ...

8 Vertragsdauer, Ausgleichsanspruch

8.1 In-Kraft-Treten

Es ist der Vertragsbeginn zu definieren, entweder mit Vcrtragsunterzeichnung oder am ...

Der Vertrag tritt am ... *(oder:* mit Vertragsunterzeichnung) in Kraft.
This Agreement becomes effective on ... (oder: *upon being duly signed by both parties).*

8.2 Kündigung

Im Gesetz sind Mindestkündigungsfristen vorgesehen, und zwar zum Monatsende:

- im 1. Vertragsjahr ein Monat
- im 2. Vertragsjahr zwei Monate
- im 3.–5. Vertragsjahr drei Monate
- ab dem 6. Vertragsjahr sechs Monate

Oft lies man folgende Formulierung: *Der Vertrag hat eine feste Laufzeit bis zum 31.12. ... Er verlängert sich jeweils um ein Jahr, wenn er nicht mit einer Frist von sechs Monaten gekündigt wird.* Dies kann sich nachteilig auswirken. Sie können fast sicher sein, dass es Ihnen z.B. im September einfällt, den Vertrag zu kündigen. Dann müssen Sie noch 15 Monate bis zum 31.12. des Folgejahres warten, bis der Vertrag endet – eine lange Zeit. Deshalb sollte man eine andere Formulierung wählen.

Oft benötigen neue Handelsvertreter eine feste Anlaufphase, um das Geschäft aufzubauen, in der der Vertrag nicht gekündigt werden darf.

Da der ausländische Handelsvertreter das deutsche Gesetz nicht kennt, sollte man klarstellen, dass der Handelsvertretervertrag auch fristlos gekündigt werden kann. Ein wichtiger Grund zur fristlosen Kündigung liegt dann vor, wenn die Fortsetzung des Vertrages für den Kündigenden unzumutbar ist (z.B. Verstoß gegen das Wettbewerbsverbot).

An die Kündigung sollten aus Nachweisgründen bestimmte Formerfordernisse gestellt werden wie Einschreiben oder mindestens Fax (Faxprotokoll aufheben!). Zu beachten: Eine Kündigung wird immer erst mit dem Zugang der Kündigung wirksam!

Der Vertrag hat eine feste Laufzeit bis zum ... und läuft danach auf unbestimmte Zeit. Er kann dann mit einer Frist von 6 Monaten zum Ende eines Kalendermonats gekündigt werden, frühestens somit zum Ende der festen Laufzeit.

Der Vertrag kann fristlos gekündigt werden, wenn ein wichtiger Grund für eine fristlose Kündigung vorliegt. Ein wichtiger Grund ist jeder Umstand, der die Fortsetzung des Vertragsverhältnisses bis zur Beendigung durch ordentliche Kündigungsfrist unzumutbar macht. Ein fristloser Kündigungsgrund liegt auch dann vor, wenn der Vertreter für eine Zeit von 3 Monaten oder länger nicht aktiv ist.

Die Kündigung hat durch eingeschriebenen Brief oder durch Fax zu erfolgen.

The Agreement is concluded for a fixed period until ... and thereafter for an indefinite period. It shall be terminable with 6 months' notice prior to the end of a calendar month, but not sooner than to the end of the fixed period.

Where there is a good and sufficient reason for an extraordinary termination, the Agreement shall be terminable without prior notice, the termination taking effect immediately. A good and sufficient reason is any circumstance by which the continuation of the contract, until its termination by ordinary notice, cannot be reasonably expected. Immediate termination of the Agreement shall also be applicable if the Agent should be inactive for a period of three months or longer.

Notice of termination must always be given by registered letter or by fax.

Man kann auch fristlose Kündigungsgründe vereinbaren:

- z.B. wenn ein bestimmter Umsatz im Kalenderjahr nicht erreicht wird – besonders bei Verträgen mit langen Kündigungsfristen:

Erreicht der Vertreter weniger als einen Auftragseingang von EUR ... in einem Kalenderjahr, kann der Unternehmer den Vertrag fristlos kündigen, es sei denn, der Vertreter weist nach, dass die Ursache nicht von ihm zu vertreten ist.

If the Agent does not reach incoming orders of at least EUR ... within a calendar year, the Principal may be entitled to termination without prior notice unless the Agent is able to prove that the reasons therefore are not attributable to him.

- Handelsvertreter können natürliche Personen oder Gesellschaften sein. Ist Handelsvertreter eine Gesellschaft, dann steht und fällt der Erfolg oft mit dem Geschäftsführer. Wenn der bisherige aktive Geschäftsführer ausscheidet, kann es sein, dass man mit dem neuen Geschäftsführer früher schon schlechte Erfahrungen gemacht hat.

Ist als Vertreter eine Gesellschaft bestellt, so ist bei Änderung der Gesellschafter oder der Geschäftsführer der Unternehmer innerhalb angemessener Frist nach Kenntnis zur außerordentlichen Kündigung befugt, sofern die Fortsetzung des Vertragsverhältnisses den Interessen des Unternehmers unter den veränderten Umständen nicht mehr entsprechen würde.

Where the Agent appointed is a partnership or a company, a change among the partners or managers shall entitle the Principal, upon knowledge of such change, to an extraordinary termination of the agency upon notice within a reasonable time after having been informed of such change, provided that the continuation of the agency would no longer correspond with the interests of the Principal under the newly created circumstances.

Varianten:

- Man schließt lediglich einen befristeten Vertrag ab. Bei Bewährung kann dann der Vertrag verlängert werden.
- Man vereinbart für eine gewisse Zeit (Probezeit) eine kürzere Kündigungsfrist und nach deren Ablauf eine längere Kündigungsfrist.

8.3 Ausgleichsanspruch

Dem Handelsvertreter steht von Gesetzes wegen nach § 89b HGB ein „Ausgleichsanspruch" zu, und zwar als Ausgleich dafür, wenn der Handelsvertreter neue Kunden geworben hat und diese nach Vertragsende beim Unternehmer verbleiben, wobei der Handelsvertreter wegen der Vertragsbeendigung die entsprechenden Provisionsansprüche verliert. Der Ausgleichsanspruch beträgt immerhin bis zu einer durchschnittlichen Jahresprovision (gemessen an dem Durchschnitt der letzten fünf Jahre).

Der Ausgleichsanspruch besteht jedoch dann nicht,

- wenn der Handelsvertreter gekündigt hat. Es sei denn, das Verhalten des Unternehmers hat hierzu begründeten Anlass gegeben oder eine Fortsetzung seiner Tätigkeit ist dem Handelsvertreter wegen seines Alters oder wegen Krankheit nicht zumutbar.
- wenn der Unternehmer berechtigterweise fristlos gekündigt hat.

Dieser Ausgleichsanspruch ist zwingend und kann also nicht vertraglich ausgeschlossen werden, wenn das Vertretungsgebiet in der EU liegt, bzw. im Europäischen Wirtschaftsraum (außer EU-Staaten: Norwegen, Liechtenstein, Island). Da es den Ausgleichsanspruch – wie gesagt – kraft Gesetzes gibt, braucht er im Vertrag nicht erwähnt zu werden.

Wenn das Vertretungsgebiet außerhalb EU/EWR liegt, kann der Ausgleichsanspruch ausgeschlossen werden. Dann muss er aber auch ausdrücklich vertraglich ausgeschlossen werden. Denn wenn z.B. deutsches Recht vereinbart ist und über den Ausgleichsanspruch ist nichts im Vertrag gesagt, kann der Ausgleichsanspruch vom Handelsvertreter geltend gemacht werden. Beispiel:

Aufgrund der Kündigung können keinerlei Schadenersatz- oder Ausgleichsansprüche geltend gemacht werden, es sei denn, die Kündigung erfolgt aufgrund Verschuldens einer Partei.

A notice of termination shall not give cause for any claims or damages, indemnity or compensation unless the termination is due to reasons which are attributable to a Party.

8.4 Rückgabe von Unterlagen

Der Handelsvertreter sollte vertraglich verpflichtet werden, bei Vertragsende das Werbematerial und alle sonstigen Geschäftsunterlagen herauszugeben.

Nach Beendigung des Vertragsverhältnisses hat der Vertreter das Werbematerial und die sonstigen Geschäftsunterlagen samt aller Kopien dem Unternehmer zurückzugeben.

Upon termination of the agency relationship, the Agent shall return to the Principal all promotional material and other business papers of the Principal, including all copies thereof.

9 Sonstiges

9.1 Anwendbares Recht

Da der Unternehmer oft bei Abschluss des Vertrages eine relativ starke Stellung hat und ihm sein eigenes Recht noch eher bekannt ist, empfiehlt sich die Vereinbarung deutschen Rechts.

Das Vertragsverhältnis untersteht deutschem Recht.
This agency Agreement shall be subject to German law.

9.2 Gerichtsstand, Schiedsgericht

Wenn es zu einem Rechtsstreit zwischen Handelsvertreter und Unternehmer kommt, ist es fast immer der Handelsvertreter, der klagt – entweder auf rückständige Provision oder auf Zahlung des Ausgleichsanspruchs. Bei der Frage des Gerichtsstandes oder Schiedsgerichtes muss sich der Unternehmer also meist nicht – wie bei einem Exportkaufvertrag – die Frage stellen, ob das Urteil im Land des Handelsvertreters vollstreckbar ist.

Deshalb kann der Unternehmer den Gerichtsstand am Sitz seines Unternehmens wählen. Vorteilhaft ist, wenn er sich die Option offen hält, dass er berechtigt ist, das Gericht am Sitz des Handelsvertreters anzurufen, falls er doch einmal klagen muss und das Urteil eines deutschen Gerichts nicht im Land des Handelsvertreters vollstreckbar ist (→ I.11).

Gerichtsstand für etwaige Rechtsstreitigkeiten ist der Sitz des Unternehmers. Der Unternehmer ist jedoch auch befugt, das Gericht am Sitz des Vertreters anzurufen.

Any litigation shall be submitted to the court having jurisdiction over the place of business of the Principal. However, the Principal shall also be entitled to sue the Agent before the court having jurisdiction over the Agent's place of business.

Es kann sich jedoch auch empfehlen, ein Schiedsgericht zu vereinbaren. Hier dürfte die „Deutsche Institution für Schiedsgerichtsbarkeit" (DIS) das für den Unternehmer günstigste Schiedsgericht sein (→ I.11.3).[9]

9.3 Verjährung

In Hinblick auf die gesetzliche Verjährung der Provisionsansprüche von vier Jahren zum Jahresende kann es sinnvoll sein, diese vertraglich zu verkürzen:

Alle gegenseitigen Ansprüche im Zusammenhang mit dem Vertretungsvertrag verjähren in 12 Monaten ab Kenntnis des Berechtigten von den anspruchsbegründenden Umständen, spätestens jedoch in 3 Jahren nach Fälligkeit.

Any claim which may arise under this Contract must be brought within 12 months of the recognition of said claim, otherwise the claim shall be statute-barred; however no such claim may be asserted after a 3-year time period after the maturity of the claim.

9 Zu den Besonderheiten von Handelsvertreterverträgen mit Handelsvertretern in Staaten mit protektionistischem Recht (vor allem in Lateinamerika, im arabischen Raum und in Indonesien) vgl. Detzer/Ullrich: „Gestaltung von Verträgen mit ausländischen Handelsvertretern und Vertragshändlern", Randnr. 463 ff.

9.4 Schriftform

Es empfiehlt sich die Vereinbarung einer Schriftformklausel.

Mündliche Nebenabreden sind nicht getroffen. Änderungen und Ergänzungen dieses Vertrags bedürfen der Schriftform.

Additional verbal agreements are not valid. All modifications and amendments to this Agreement must be made in writing.

9.5 Einzelne Klauseln

Es empfiehlt sich Vorsorge zu treffen, falls einzelne Klauseln ungültig sind.

Sollte eine Bestimmung dieses Vertrages ganz oder teilweise nicht rechtswirksam oder nicht durchführbar sein, so soll hierdurch die Gültigkeit der übrigen Bestimmungen des Vertrages nicht berührt werden. Anstelle der unwirksamen oder undurchführbaren Bestimmung oder zur Ausfüllung der Lücke soll eine angemessene Regelung gelten, die dem am nächsten kommt, was die Vertragschließenden gewollt haben oder nach dem Sinn und Zweck des Vertrages gewollt hätten, sofern sie bei Abschluss des Vertrages oder bei der späteren Aufnahme einer Bestimmung den Punkt bedacht hätten.

If any provision of this Contract shall be deemed invalid or impracticable entirely or in part this shall not affect the validity of the remaining provisions. In lieu of the invalid or impracticable provision an appropriate provision shall apply, which is nearest to the intent of the contracting parties or to what would have been their intention in keeping with the meaning and purpose of the contract if they had considered the issue at the conclusion of the contract or at a later addition of a provision.

10 Regelmäßige Prüfung

Es empfiehlt sich, mindestens einmal im Jahr alle Vertretungsverträge durchzugehen. Denn oft lernt man z.B. auf einer Messe einen Partner kennen, der einen großen Auftrag in einem Land in Aussicht stellt, wenn man ihm die Vertretung für dieses Land überträgt, in welchem man noch nicht vertreten ist. Danach gerät der Handelsvertretervertrag in Vergessenheit und schläft, bis man über einen anderen Kontakt einen neuen Auftrag in diesem Land macht. Dann plötzlich meldet sich der Partner und verlangt Provision.

Um solche Ärgernisse zu vermeiden, ist es wichtig, jeden Vertrag mindestens einmal jährlich unter die Lupe zu nehmen. Eventuell sollte man „ruhende" Handelsvertreter einmal zur Stellungnahme über ihre mangelnden Aktivitäten auffordern.

III Der Vertragshändlervertrag

III Der Vertragshändlervertrag

1 Allgemeines

Der Vertragshändler – oft auch Eigenhändler genannt – kauft und verkauft in eigenem Namen. Es gibt also rechtlich voneinander unabhängige Kaufverträge, jeweils:

- zwischen dem Lieferanten und dem Vertragshändler,
- zwischen dem Vertragshändler und den Endkunden.

Der Vertragshändlervertrag hat also nicht nur Elemente eines Vertretungsvertrages, sondern er ist vor allem ein Rahmenvertrag für zukünftige Kaufverträge zwischen Lieferant und Vertragshändler.

Bei technisch komplizierten Geräten wird oft der Verkauf über einen Händler schwieriger sein als über einen Handelsvertreter, da die technische nötige Abstimmung dann immer über den Händler laufen muss. Bei Meinungsverschiedenheiten z.B. über Leistungsangaben muss sich der Lieferant faktisch oft mit zwei Parteien auseinander setzen, dem Vertragshändler und dem Endkunden. Rechtlich haben der Lieferant und der Endkunde natürlich keine vertragliche Beziehung. Es können sich allenfalls gesetzliche Ansprüche des Endkunden gegen den Lieferanten als Hersteller aus Produkthaftung ergeben (→ I.9).

Vertragspartner kann sowohl eine natürliche Person wie auch eine Gesellschaft sein. Für den Vertragshändler gibt es im deutschen Recht keine speziellen Vorschriften. Soweit er dem Handelsvertreter ähnelt, werden diese Vorschriften entsprechend angewendet. Zum Problem der Unzulässigkeit einer Teilkündigung → II.1.[10]

2 Vertragsprodukte

Vergleichen Sie hierzu die Ausführungen in II.2.

Das Vertriebsprogramm umfasst die folgenden Produkte:
The following Products are covered by this Agreement:

10 Auch bezüglich des Vertragshändlervertrages weisen wir auf das praxisnahe Buch von Detzer/Ullrich: „Gestaltung von Verträgen mit ausländischen Handelsvertretern und Vertragshändlern" hin.

3 Vertragsgebiet

Vergleichen Sie hierzu die Ausführungen in II.3.

Das folgende Gebiet wird dem Vertragshändler übertragen:
The Territory assigned to the Distributor comprises:

4 Vertriebsumfang

Hier ist festzulegen, ob der Vertragshändler das Alleinvertriebsrecht hat und der Lieferant nur ihn beliefert. Andererseits kann auch der Vertragshändler verpflichtet werden, nicht an Kunden außerhalb des Vertragsgebietes zu liefern. Zwar verstößt ein solches Exportverbot in Bezug auf Vertragshändler, deren Vertragsgebiet innerhalb der EU/des EWR liegt, gegen Art. 81 des EG-Vertrages. Gemäß der Gruppenfreistellungsverordnung Nr. 2790/99 ist jedoch ein Exportverbot an Kunden außerhalb des EWR zulässig, wenn der Lieferant einen Marktanteil von unter 30 % hat. In Bezug auf mögliche Kunden innerhalb des EWR, aber außerhalb des Vertragsgebietes kann nur der aktive Weiterverkauf eingeschränkt werden. Andernfalls muss der Hersteller bei der Kommission eine Freistellung beantragen.[11]

Zur Verpflichtung des Lieferers:

Der Lieferant verpflichtet sich, im Vertragsgebiet ausschließlich den Vertragshändler zu beliefern. Er wird keine andere Person und kein anderes Unternehmen mit dem Vertrieb oder der Vertretung der Vertragsprodukte beauftragen.

The Supplier undertakes to sell within the territory only to the Distributor. He shall not appoint another person or another firm for the sale or the representation of the Products within the Territory.

Zur Verpflichtung des Vertragshändlers (das Vertragsgebiet befindet sich innerhalb des EWR):

Der Vertragshändler wird die Produkte nicht an Abnehmer verkaufen, die ihren Sitz außerhalb des EWR haben. Innerhalb des EWR wird er nur an Kunden mit Sitz im Vertragsgebiet aktiv verkaufen. Er wird keine Werbung machen in Bezug auf Abnehmer, die ihren Sitz innerhalb des EWR, aber außerhalb des Vertragsgebietes haben; auch wird er außerhalb des Vertragsgebietes keine Verkaufsstellen oder Auslieferungslager einrichten.

11 Zu den Einzelheiten vgl. Detzer/Ullrich: „Gestaltung von Verträgen mit ausländischen Handelsvertretern und Vertragshändlern", Randnr. 532 mit weiteren Nachweisen.

The Distributor shall not sell the Products to customers having their place of business outside the EEA (European Economic Area). Within the EEA he shall only actively sell the Products to customers having their place of business within the Territory. He shall not engage in sales promotion and publicity vis-à-vis customers having their place of business within the EEA but outside the Territory, nor will he establish sales agencies or supply depots outside the Territory.

Das Vertragsgebiet befindet sich außerhalb des EWR:

Der Vertragshändler verpflichtet sich, die Vertragsprodukte nicht an Kunden zu verkaufen, die ihren Geschäftssitz außerhalb des Vertragsgebietes haben. Er ist jedoch verpflichtet, Anfragen von außerhalb des Vertragsgebietes an den Lieferanten weiterzuleiten.

The Distributor shall not sell the Products to customers having their place of business outside the Territory. All enquiries from customers outside the Territory shall be transmitted by the Distributor to the Supplier.

Manchmal behält sich der Lieferant das Recht vor, selbst im Vertragsgebiet tätig zu werden. Oft wird bei diesen Direktlieferungen eine Provision für den Vertragshändler vereinbart (→ III.8): Es können auch bestimmte Kunden, die namentlich benannt werden, oder bestimmte Kundengruppen (z.B. öffentliche Auftraggeber oder Großhändler) ausgenommen werden.

Der Lieferant ist jedoch befugt, selbst im Vertragsgebiet tätig zu werden; in diesen Fällen hat der Lieferant den Vertragshändler darüber zu unterrichten, soweit nicht ein wesentliches Interesse des Lieferanten dem entgegensteht.

Die folgenden Kunden werden direkt vom Lieferanten bearbeitet *(evtl.:* ohne Vergütungsanspruch des Vertragshändlers):

The Supplier shall be entitled, however, to act within the Distributor's Territory; in that event, the Supplier shall inform the Distributor accordingly, unless this is in conflict with some fundamental interests of the Supplier.

Delivery to the following customers shall be made directly by the Supplier (evtl: *without the Distributor's right to a compensation):*

5 Rechtsstellung des Vertragshändlers

5.1 Allgemeines

Zuerst ist die allgemeine Rechtsstellung zu definieren.

Der Vertragshändler kauft und verkauft im eigenen Namen und auf eigene Rechnung. Er handelt als selbstständiger Kaufmann sowohl dem Lieferanten als auch dem Kunden gegenüber. Er hat dafür Sorge zu tragen, dass im Vertragsgebiet der Absatz der Vertragserzeugnisse nachhaltig gefördert wird, ohne dass er befugt ist, im Namen des Lieferanten tätig zu werden. Ferner hat er mit der Sorgfalt eines ordentlichen Kaufmannes die Interessen des Lieferanten wahrzunehmen.

Der Vertragshändler präsentiert die Vertragsprodukte in angemessenen und ausreichenden Verkaufsräumen. Er wird die Produkte unter dem Warenzeichen und in der Aufmachung vertreiben, die der Lieferant vorschreibt. Der Vertragshändler darf nur geschultes Personal beschäftigen. Er sorgt dafür, dass die Vertragsprodukte nur zusammen mit den Betriebsanleitungen und sonstigen notwendigen Informationen an die Kunden gelangen und diese in die Bedienung und Wartung der Produkte eingewiesen werden. Er wird den Lieferanten unverzüglich über Reklamationen seiner Kunden benachrichtigen.

The Distributor shall buy and sell in his own name and for his own account. He shall act as an independent trader regarding both the Supplier as well the customers. He shall effectively promote the sale of the Products in the Territory, without being authorised to act in the name of the Supplier. Furthermore, he shall safeguard the interests of the Supplier with the due diligence of a responsible businessman.

The Distributor shall present the Products in appropriate and sufficient sales rooms. He shall sell the Products with the trade-mark and appearance prescribed by the Supplier. The Distributor shall employ only trained personnel. He shall take care that the Products shall only reach the customers with the service manual and other necessary information and that the customers shall be trained in the operating and maintenance of the Products. The Distributor shall inform the Supplier immediately regarding customers complaints.

5.2 Informationspflicht

Auch der Vertragshändler sollte zu einem jährlichen Marktbericht als Grundlage für die Planungen des Lieferanten verpflichtet werden (→ II.5.2).

Gegen Ende eines jeden Kalenderjahres hat der Vertragshändler spätestens bis zum 30. November dem Lieferanten einen ausführlichen schriftlichen Marktbericht zuzusenden mit folgendem Inhalt:

- Marktlage für die Vertragsprodukte allgemein
- Bericht über bestehende und mögliche Kundengruppen

- Aktivitäten, Stärken und Schwächen der Konkurrenz
- geplanter Jahresumsatz für das folgende Jahr
- Verbesserungsvorschläge

By the end of each calendar year, and no later than the 30th of November the Distributor shall submit to the Supplier a detailed written report regarding the following subjects:

- *General marketing situation for the Products*
- *Report on existing and potential groups of customers*
- *Activities, strengths and weaknesses of the competitors*
- *Projected turnover for the following year*
- *Suggestions for improvement*

Zur Frage, ob der Vertragshändler verpflichtet sein soll, seinen Kundenstamm mitzuteilen, wodurch die Gefahr entstehen kann, dass ein Ausgleichsanspruch zu zahlen ist → III.9.5.

5.3 Werbung

Genauso wie beim Handelsvertreter (→ II.5.3) sollte der Umfang der Werbung im Einzelnen geregelt werden.

Der Vertragshändler ist verpflichtet, auf eigene Kosten für die Produkte zu werben. Er hat Messen und Ausstellungen im Vertragsgebiet zu organisieren und an Messen und Ausstellungen außerhalb des Vertragsgebietes auf Wunsch des Lieferanten teilzunehmen. Vereinbarungen über eine Beteiligung des Lieferanten an den Auslagen in Verbindung mit solchen Werbeaktivitäten sind von Fall zu Fall gesondert vorher zu treffen, insbesondere in den Fällen, in denen eine Aktion vom Lieferanten verlangt wurde. Das Gleiche gilt für Anzeigen in der Fachpresse sowie Fachartikel, die der Vertragshändler mit dem Lieferanten inhaltlich abzustimmen hat.

The Distributor shall engage in sales promotion and publicity on behalf of the Products at his own expense. He shall organise fairs and exhibitions in the territory and participate in fairs and exhibitions outside the territory at the request of the Supplier. An agreement on a case-by-case basis regarding remuneration for expenses in conjunction with such promotional activities, especially in the case of an action requested by the Supplier, shall be concluded separately beforehand. The same shall be applicable to advertisements in the technical press or to technical articles whose content must be agreed with the Supplier.

5.4 Wettbewerbsverbot, Vertretung anderer Firmen

Ähnlich wie beim Handelsvertreter ist häufig die Vereinbarung eines Wettbewerbsverbotes sinnvoll. Oft wird der Vertragshändler auch noch andere Firmen vertreten. Manchmal kann der Vertragshändler gar nicht wissen, dass eine andere von ihm vertretene Firma auf bestimmten Gebieten eine Konkurrenz des Lieferanten ist.

Nach der Gruppenfreistellungsverordnung sind in Bezug auf Vertragshändler, deren Vertragsgebiet in dem EWR liegt, nur Wettbewerbsverbote für einen Zeitraum von maximal fünf Jahren zulässig, und auch nur, wenn der Marktanteil nicht über 30 % liegt. Deshalb müssen diese Verträge entsprechend ergänzt werden.[12]

Der Vertragshändler ist verpflichtet, jeden Wettbewerb gegenüber dem Lieferanten zu unterlassen – sowohl innerhalb als auch außerhalb des Vertragsgebietes. Insbesondere darf er dabei keine Firmen vertreten, oder sich direkt oder indirekt an Firmen beteiligen oder Firmen beraten, die gleiche oder gleichartige Erzeugnisse wie der Lieferant herstellen oder vertreiben – auch darf er selbst keine Erzeugnisse aus dem Programm des Lieferanten herstellen oder mit solchen Erzeugnissen im eigenen Namen und für eigene Rechnung handeln.

Der Vertragshändler hat bei Vertragsabschluss nur die in Anlage ... aufgeführten Tätigkeiten als Handelsvertreter oder Vertragshändler inne. Er wird dem Lieferanten während der Vertragslaufzeit jede Übernahme einer weiteren Vertretung oder Tätigkeit als Vertragshändler für andere Firmen mitteilen, auch wenn diese keine Wettbewerber des Lieferanten sind. Außerdem hat der Vertragshändler jede Absicht, einen Unter-Vertragshändler oder einen Handelsvertreter zu benennen, dem Lieferanten mitzuteilen.

Falls das Vertriebsgebiet innerhalb der EWR liegt, ist zu ergänzen:

Das Wettbewerbsverbot gilt in Bezug auf Gebiete außerhalb des EWR für die gesamte Laufzeit des Vertrages. Für Gebiete innerhalb des EWR gilt es zunächst nur für 5 Jahre. Die Parteien werden sich rechtzeitig darüber verständigen, ob es verlängert wird oder nicht. Wird es nicht verlängert, so verwandelt sich das Alleinvertriebsrecht des Vertragshändlers in ein nicht-exklusives Vertriebsrecht. *Falls Provision für Direktgeschäfte vereinbart wurde:* Außerdem entfällt die Provision für Direktgeschäfte des Lieferanten nach Ziff. ...

The Distributor shall refrain from any competition whatsoever against the Supplier, not only within but also outside the Territory. In particular, he shall not represent or associate directly or indirectly with firms nor he shall give advice to firms that manufacture or distribute the same kind of or similar products as the Supplier; he shall also refrain from manufacturing products of the Supplier's range or from trading such products in his own name and for his own account.

12 Zu den Einzelheiten siehe Detzer/Ullrich: „Gestaltung von Verträgen mit ausländischen Handelsvertretern und Vertragshändlern", Randnr. 539 ff. Zur Vereinbarung eines nachvertraglichen Wettbewerbsverbotes siehe ebenfalls Detzer/Ullrich, Randnr. 540.

At the time of the execution of this Agreement the Distributor has entered into only those activities as distributor or agent as listed in annex ... Should the Distributor intend to enter into a contract as an agent or distributor with another firm that does not manufacture identical or similar products, he must inform the Supplier. Any intention to appoint a sub-distributor or sub-agent shall be conveyed to the Supplier.

Falls das Vertriebsgebiet innerhalb der EWR liegt, ist zu ergänzen:

The prohibition of competition shall apply to territories outside the European Economic Area. For territories inside the European Economic Area this prohibition of competition shall be at first valid for 5 years. The Parties will timely agree, if the prohibition shall be extended or not. If it is not to be extended, the right of the Distributor to exclusively sell the Products in the Territory shall be changed into a non-exclusive selling-right. Falls Provision für Direktgeschäfte vereinbart wurde: *Moreover the right to a commission for direct sales of the Supplier according to clause ... shall be discontinued.*

5.5 Regeln des lauteren Wettbewerbs, Schutzrechte

Der Vertragshändler sollte verpflichtet werden, die Regeln des lauteren Wettbewerbs zu beachten.

Der Vertragshändler wird verpflichtet, die Regeln des lauteren Wettbewerbs zu beachten. Er ist berechtigt, Wettbewerbsverletzungen Dritter selbst abzuwehren.

Der Vertragshändler unterrichtet den Lieferanten unverzüglich, sobald er erfährt, dass Dritte dessen gewerblichen Schutzrechte verletzen, und unterstützt ihn bei der Abwehr solcher Rechtsverletzungen. Der Vertragshändler darf keine Marken, Handelsnamen oder sonstige Zeichen des Lieferanten für sich eintragen lassen. Er darf diese jedoch zum Verkauf der Vertragsprodukte benutzen.

The Distributor shall observe the rules of fair competition. He may protect himself against any acts committed by third parties not in the spirit of fair competition.

The Distributor shall immediately inform the Supplier of any violation of Supplier's industrial property rights which has come to his knowledge, and he shall assist the Supplier in the defence against such violation. The Distributor shall not file for registration in his own name trade marks, trade names or labels of the Supplier. He may however use them for the sale of the Products.

5.6 Geschäfts- und Betriebsgeheimnisse

Genauso wie beim Handelsvertreter (→ II.5.6) ist eine Geheimhaltungsklausel wichtig. Auf Wunsch des Vertragshändlers kann eine solche natürlich auch auf Gegenseitigkeit abgeschlossen werden.

Der Vertragshändler darf Geschäfts- und Betriebsgeheimnisse des Lieferanten, die ihm durch seine Tätigkeit in irgendeiner Weise bekannt werden, nicht verwerten oder anderen Personen mitteilen; dies gilt auch nach Beendigung dieses Vertrages. Dieselbe Verpflichtung hat der Vertragshändler seinen Mitarbeitern aufzuerlegen sowie anderen Personen, welche er zu der Erfüllung seiner vertraglichen Pflichten heranzieht. Die Geheimhaltungspflicht gilt auch gegenüber anderen Firmen, mit denen der Lieferant verbunden ist.

The Distributor shall not exploit or disclose to third parties any business secrets or know-how of the Supplier of which he has gained knowledge in the course of his activities, irrespective of whether or not this Agreement is still in force. The same obligation must be imposed by the Distributor on his staff and other persons engaged in fulfilling this Agreement. This obligation to secrecy shall also be relevant in relation to other companies connected with the Supplier.

Wegen einer möglichen Vertragsstrafe bei Verletzung der Geheimhaltungspflicht → II.5.6.

5.7 Schulungen

Auch beim Vertragshändler kann eine Schulung seiner Mitarbeiter wichtig sein (→ II.5.7).

Der Vertragshändler hat sein Verkaufspersonal in Bezug auf die Technologie des Lieferanten in den Betrieben des Lieferanten für mindestens 14 Tage zu schulen – gemäß gesonderter Vereinbarung. Reisekosten und Gehalt sind vom Vertragshändler zu zahlen, Kosten für die Schulung und Aufenthalt werden vom Lieferanten übernommen.

The Distributor shall have his personnel trained in the Supplier's technology on the premises of the Supplier for at least 14 days, according to a separate special agreement. Travel and labour costs shall be borne by the Distributor, costs for training and accommodation by the Supplier.

6 Rechtsstellung des Lieferanten

6.1 Unterstützungspflicht

Auch der Lieferant hat den Vertragshändler bei der Ausübung seiner Tätigkeit zu unterstützen. Insbesondere hat er ihm Informations- und Werbematerial zur Verfügung zu stellen.

Der Lieferant hat den Vertragshändler bei der Ausübung seiner Tätigkeit zu unterstützen. Insbesondere hat der Lieferant dem Vertragshändler die erforderlichen Unterlagen zur Verfügung zu stellen und die erforderlichen Informationen zu geben. Der Lieferant hat dem Vertragshändler kostenlos genügend Werbematerial zur Verfügung zu stellen.

The Supplier shall assist the Distributor in the performance of his duties. In particular, the Supplier shall place at Distributor's disposal any papers that may be required and shall give him all necessary information. The Supplier shall make available sufficient promotional material, at no cost for the Distributor.

7 Bedingungen für Käufe und Weiterverkäufe

7.1 Bezugspreise

Zweckmäßigerweise erhält der Vertragshändler einen Wiederverkaufsrabatt auf die Listenpreise des Lieferanten. Natürlich können die Rabattsätze auch unterschiedlich gestaffelt sein, je nach Warengruppen oder Kundengruppen oder bei Ersatzteilen. Die Rabattsätze können später nicht einseitig geändert werden, es sei denn, der Lieferant hat sich dies vertraglich vorbehalten. Andernfalls kann eine Änderung der Rabattsätze nur über eine Änderungskündigung erreicht werden (→ II.1).

Oft erhält der Vertragshändler auch einen Mengenbonus, der auch nach bestimmten Warengruppen unterschiedlich ausfallen kann und/oder wobei die Menge von Jahr zu Jahr erhöht werden kann,

- falls eine Bestellung einen bestimmten Betrag überschreitet,
- falls die Bestellungen eines ganzen Jahres einen bestimmten Betrag überschreiten.

Dann ist auch zu regeln, ob diese Boni kumulativ oder aufeinander anrechenbar sein sollen.

Der Vertragshändler erhält für alle Einkäufe von Vertragsprodukten beim Lieferanten einen Rabatt von ... % vom jeweils zum Zeitpunkt der Auftragsbestätigung geltenden Listenpreis. Die derzeit geltenden Listenpreise sind in der Anlage ... enthalten. Etwaige Änderungen der Listenpreise werden dem Vertragshändler spätestens ... Wochen vor ihrem In-Kraft-Treten mitgeteilt.

Der Vertragshändler erhält außerdem einen Mengenbonus

a) von ... %, wenn der Wert einer Bestellung EUR ... übersteigt. Dieser wird vom Rechnungswert abgezogen.

b) von ... %, wenn der Gesamtwert der Bestellungen eines Kalenderjahres EUR ... übersteigt. Der Vertragshändler reicht bis spätesten zum ... des Folgejahres eine korrekte Abrechnung über die Bestellungen und den sich daraus ergebenden Mengenbonus ein. Der Bonus ist innerhalb von ... Wochen nach Eingang der Abrechnung zu zahlen bzw. von Rechnungen des Lieferanten abzuziehen. Der Gesamtwert der Bestellungen erhöht sich in den folgenden Jahren entsprechend der durchschnittlichen Steigerung der Listenpreise.

Mit dem Rabatt sind alle dem Vertragshändler entstehenden Kosten abgegolten. Ausnahmen bedürfen einer gesonderten schriftlichen Vereinbarung.

On all purchases of Products, the Distributor shall receive a rebate of ... % of the list price in force at the date of the order confirmation. The actual price list is attached in Appendix ... The Supplier shall inform the Distributor of any change to the list prices at least ... weeks before their entry into force.

Moreover, the Distributor shall be entitled to the following volume discounts:

a) ... % if the value of one order exceeds EUR ... This discount may be deducted from the amount of the invoice.

b) ... % if the value of all orders of a calendar year exceeds EUR ... The Distributor shall present at the latest on the ... of the following year a correct summary of the orders showing the volume discount resulting therefrom. The discount is payable within ... weeks after the receipt of the summary or it may be deducted from an invoice of the Supplier. The value of all orders shall increase in the following years according the average increase of the list prices.

All the expenses of the Distributor shall be regarded as covered by the rebate. Exceptions must be agreed to separately in writing.

7.2 Sonstige Bedingungen für Verkäufe des Lieferanten an den Vertragshändler

Außer den Preisen sind auch die anderen Verkaufsbedingungen sorgfältig festzulegen. Schließlich ist der Vertragshändlervertrag ein Rahmenvertrag, der für alle zukünftigen Geschäfte gilt (Einzelheiten → I). Insbesondere müssen folgende Punkte geregelt werden:

a) Evtl. Zugrundelegung der Verkaufsbedingungen des Lieferanten

b) Preisstellung (gemäß INCOTERMS)

c) Zahlungsbedingungen, insbesondere: Wie erfolgt die Absicherung? Durch Akkreditiv, durch eine Bürgschaft oder eine Bankgarantie, die für die Laufzeit des Vertrages gültig sind, durch Eigentumsvorbehalt oder durch Konsignationslager (→ III.7.4)? Höhe der Zinsen bei Zahlungsverzug des Vertragshändlers.

d) Lieferfristen nach Eingang der Bestellung, Verzugsregelung (mit Ausschluss für Folgeschäden)

e) Untersuchungspflicht des Vertragshändlers

Nach ihrem Eintreffen hat der Vertragshändler die Ware unverzüglich auf Vollständigkeit und fehlerfreie Beschaffenheit zu untersuchen. Erfolgt innerhalb einer Woche nach Eintreffen keine schriftliche Mängelanzeige, so gelten diese als ordnungsgemäß übernommen, es sei denn, es handelt sich um Mängel, die nicht erkennbar waren.

After arrival of the goods the Distributor shall examine them without delay both as to their completeness and as to their condition. If within a period of one week after arrival of the goods should no written notification of defects be given, the consigned goods shall be deemed to have been duly received, unless the defects were not apparent upon examination.

f) Gewährleistung: Dauer, Ausschluss von Folgeschäden. Bezüglich der Dauer der Gewährleistung wird es sinnvoll sein, dass die Gewährleistung erst nach Lieferung durch den Vertragshändler an den Endkunden beginnt. Allerdings muss eine Spätestfrist vorgesehen sein für den Fall, dass die Ware allzu lange im Lager des Vertragshändlers verweilt:

Die Dauer der Gewährleistung beträgt 12 Monate. Sie beginnt mit der Lieferung des Vertragshändler an den Endkunden, spätestens jedoch ein Jahr nach Lieferung des Lieferanten an den Vertragshändler.

The warranty period shall be 12 months. It shall begin with the delivery from the Distributor to the final purchaser, but it shall begin no longer than one year after the delivery from the Supplier to the Distributor.

Wichtig ist, dass der Vertragshändler seine Gewährleistung an die des Lieferanten angleicht.

g) Eigentumsvorbehalt: Dabei ist natürlich zu beachten, dass der Eigentumsvorbehalt sich nach dem Recht des Landes des Vertragshändlers richtet und im Ausland nicht so umfassend ist und schwieriger durchsetzbar als in Deutschland (→ I.10). Da der Eigentumsvorbehalt im Allgemeinen untergeht, wenn die Ware vom Vertragshändler weiterverkauft wird, ist auch eine Abtretung der Forderung des Vertragshändlers gegenüber dem Endkunden sinnvoll, falls eine solche nach dem Recht des Vertragsgebietes möglich ist. Eine andere Absicherung ist die Einrichtung eines Konsignationslagers (→ III.7.4).

Der Lieferant behält sich das Eigentum an den gelieferten Waren bis zur vollständigen Bezahlung aller Lieferungen vor. Der Vertragshändler kann die Waren im ordentlichen Geschäftsgang weiterveräußern und tritt hiermit alle in Verbindung mit solchen Weiterveräußerungen entstehenden Forderungen zur Sicherheit an den Lieferanten ab.

The Supplier shall retain title to the goods until payment in full for all deliveries. The Distributor may resell the goods in the ordinary course of business and thereby assigns to the Supplier as security all debts or claims arising from such resales.

7.3 Reparaturen

Oftmals wird es sinnvoll sein, dass der Vertragshändler Reparaturen selbst durchführt und nicht die Monteure des Lieferanten für teures Geld anreisen müssen. Voraussetzung ist natürlich, dass die Mitarbeiter des Vertragshändlers entsprechend geschult sind. Damit sich der Lieferant ein Bild von dem Umfang machen kann, ist es sinnvoll, dass er vorher benachrichtigt wird. Eventuell kann man den Vertragshändler auch verpflichten, vorher eine grobe Schätzung der Reparaturkosten mitzuteilen, damit man nachher keine Überraschungen erlebt.

Der Vertragshändler wird kleinere Mängel an den Vertragsgegenständen, die während der vom Lieferanten gewährten Gewährleistungszeit auftreten, beseitigen. Er hat jedoch den Lieferant davor schriftlich über die Art des Mangels und seine mögliche Ursache zu informieren. Für Reparaturen erhält der Vertragshändler pro Arbeitsstunde EUR ..., für Wegekosten pro Stunde EUR ..., pro gefahrene km EUR ... Der Vertragshändler verpflichtet sich, seine Monteure auf eigene Kosten beim Lieferanten schulen zu lassen.

The Distributors shall repair small defects of the Products during the warranty period defined by the Supplier. Before repairing such defects the Distributor shall notify the Supplier in writing regarding the nature and probable cause of the defect. For effecting such repairs the Distributor shall receive per working hour EUR ..., per travel hour EUR ... and per each km EUR ... All installation personnel must be trained at the Supplier's premises at the cost of the Distributor.

7.4 Konsignationslager

Häufig wird beim Vertragshändler ein sog. Konsignationslager eingerichtet. Dies ist ein Lager, das im Eigentum des Lieferanten bleibt, aber vom Vertragshändler verwaltet wird. Damit das Eigentumsrecht des Lieferanten bei einer Insolvenz des Vertragshändlers Bestand hat, ist es wichtig, dass diese Gegenstände streng getrennt von anderen Produkten des Vertragshändlers sind. Der Lieferant sollte sich ab und zu davon überzeugen.

Das Konsignationslager kommt vor allem bei folgenden Fällen in Betracht:

- wenn der Vertragshändler die Ware nicht gleich bezahlen kann,
- für Verschleißteile und Reparaturteile während der Gewährleistungszeit, um eine möglichst schnelle Reparatur zu ermöglichen,

- für Ersatzteile nach der Gewährleistungszeit, um den Bedarf des Kunden möglichst schnell zu decken.

Ein Kaufvertrag zwischen dem Lieferanten und dem Vertragshändler kommt dann zustande, wenn der Vertragshändler die Ware dem Lager entnimmt (außer bei Reparaturen während der Gewährleistungszeit).

Der Lieferant richtet bei dem Vertragshändler ein Konsignationslager ein. Der Vertragshändler stellt geeignete abgeschlossene Räumlichkeiten kostenlos zur Verfügung. Er schließt für die gelieferten Waren auf eigene Kosten alle erforderlichen Versicherungen (insbesondere gegen Diebstahl, Feuer, Explosion, Elementarschäden) ab – Begünstigter ist der Lieferant, der auch eine Kopie der Versicherungspolice erhält. Der Vertragshändler trägt ab dem Eintreffen der Ware die Gefahr des zufälligen Untergangs und der Verschlechterung der Ware.

Nach ihrem Eintreffen hat der Vertragshändler die Ware unverzüglich auf Vollständigkeit und fehlerfreie Beschaffenheit zu untersuchen. Erfolgt innerhalb einer Woche nach Eintreffen keine schriftliche Mängelanzeige, so gelten diese als ordnungsgemäß übernommen, es sei denn, es handelt sich um Mängel, die nicht erkennbar waren. Der Vertragshändler hat die Konsignationslagerwaren von seinen übrigen Waren getrennt zu lagern und sie als Eigentum des Lieferanten zu kennzeichnen. Er hat über sie gesondert Buch zu führen. Der Lieferant kann das Lager und die Bücher jederzeit überprüfen lassen.

Der Vertragshändler ist berechtigt, Lagerware zu entnehmen. Die Lagerware bleibt Eigentum des Lieferanten bis zur vollständigen Bezahlung. Durch die Entnahme kommt jeweils ein Kaufvertrag zwischen dem Lieferanten und dem Vertragshändler gemäß den Bedingungen dieses Vertrages zustande. Er tritt hiermit alle in Verbindung mit solchen Weiterveräußerungen entstehenden Forderungen zur Sicherheit an den Lieferanten ab.

Der Vertragshändler hat den Lieferanten unverzüglich über Änderungen im Lagerbestand schriftlich zu informieren.

The Supplier shall establish a consignment stock at the Distributor's premises. The Distributor shall place at the Supplier's disposal suitable locked rooms free of charge. The Distributor shall at his own expense take out all necessary insurances (for example theft, fire, explosion and forces of nature) – the beneficiary shall be the Supplier who shall receive a copy of the policy. Upon the arrival of the goods the Distributor shall assume the risk of accidental loss, destruction or deterioration.

After arrival of the consigned goods the Distributor shall examine the goods without delay both as to their completeness and as to their condition. Should within a period of one week after arrival of the goods no written notification of defects be given, the consigned goods shall be deemed to have been duly received, unless the defects were not apparent on examination. The Distributor shall segregate the consigned goods from his other goods and shall mark them as being the property of the Supplier. He shall keep a special register for the consigned goods. The Supplier shall be entitled to check or to have checked the stock and the register at any time.

The Distributor shall be entitled to take goods from the depot. The consigned goods remain the property of the Supplier until full payment is received. When goods are withdrawn from the depot, a contract of sale on the conditions according to this Agreement shall be concluded between the Distributor and the Supplier. The Distributor shall assign to the Supplier as security all debts or claims arising from such resales.

The Distributor shall notify the Supplier without delay in writing of all changes to the consignment stock.

7.5 Mindestabnahme

Vor allem, wenn der Vertragshändler ein Alleinvertretungsrecht besitzt, ist die Vereinbarung einer Mindestabnahmepflicht wichtig. Wenn der Lieferant zu Direktlieferungen berechtigt ist, können diese evtl. auf die Mindestabnahme angerechnet werden.

Wenn der Vertragshändler die Ware erst im Markt einführen muss, kann es sinnvoll sein, die Mindestabnahmepflicht zu staffeln:

Der Vertragshändler verpflichtet sich, Vertragsprodukte des Lieferanten von mindestens folgenden Werten (Einkaufspreise *oder* Listenpreise) einzukaufen:

– im Jahr ...:	EUR ...
– im Jahr ...:	EUR ...
– im Jahr ... und den folgenden Jahren:	EUR ...

Die Mindestabnahmepflicht in den folgenden Jahren erhöht sich entsprechend der durchschnittlichen Steigerung der Listenpreise.

The Distributor shall buy Products of the Supplier of at least (purchase prices oder *list prices):*

– year ...:	*EUR ...*
– year ...:	*EUR ...*
– year ... and following years:	*EUR ...*

The minimum purchases in the following years shall increase according to the average increase of the list prices.

Bezüglich einer möglichen vorgezogenen Kündigung bei Nichteinhaltung der Mindestabnahmeverpflichtung → III.9.2.

7.6 Preisgestaltung

Nach EG-Kartellrecht sind vertragliche Preisbindungen unzulässig.

Der Vertragshändler ist in der Gestaltung seiner Preise und seiner Bedingungen frei. Er verpflichtet sich jedoch, die Vertragserzeugnisse unter dem Warenzeichen und/ oder der Aufmachung zu vertreiben, die der Lieferant vorschreibt.

The Distributor shall be free to fix his resale prices and conditions. However he shall sell the Products with the trade mark and/or appearance prescribed by the Supplier.

8 Direktgeschäfte des Lieferanten

Oftmals erhält der Vertragshändler für Direktgeschäfte des Lieferanten eine Provision (→ III.3).

Für jedes Vertragserzeugnis, das der Lieferant gemäß Ziff. ... während der Dauer des Vertrages direkt an Kunden verkauft, die ihren Sitz im Vertragsgebiet haben, erhält der Vertragshändler eine Provision von ... %.

On all sales contracts into which the Supplier enters directly with customers residing in the Territory according to clause ... during the period of validity of this Agreement the Distributor shall receive a commission of ... %.

Bezüglich der Höhe der Provision, der Bemessungsgrundlage, der Fälligkeit und Abrechnung der Provision → II.6.1 bis II.6.3.

9 Vertragsdauer

9.1 In-Kraft-Treten

Zum In-Kraft-Treten → II.8.1.

Der Vertrag tritt am ... *(oder:* mit Vertragsunterzeichnung) in Kraft.
This Agreement becomes effective on ... (oder: *upon being duly signed by both parties).*

9.2 Kündigung

Für den Vertragshändler gibt es keine ausdrücklichen gesetzlichen Mindestkündigungsfristen wie beim Handelsvertreter (→ II.8.2). Im Allgemeinen dürfte die Kündigungsfrist beim Vertragshändler länger sein als beim Handelsvertreter, um dem Vertragshändler die Möglichkeit zu geben, während der Kündigungsfrist noch seine Lagerware zu verkaufen. Natürlich kann ein Vertragshändlervertrag auch fristlos gekündigt werden. Oft empfiehlt es sich, die wichtigsten möglichen Gründe einer fristlosen Kündigung ausdrücklich zu vereinbaren, wie erheblicher Zahlungsverzug oder Nichterreichen eines Mindestumsatzes. Hier kann man jedoch eine Entlastungsmöglichkeit des Vertragshändlers hinzufügen, falls der Rückgang z.B. auf die schlechte Konjunktur zurückzuführen ist.

Der Vertrag hat eine feste Laufzeit bis zum ... und läuft danach auf unbestimmte Zeit. Er kann dann mit einer Frist von 6 Monaten zum Ende eines Kalendermonats gekündigt werden, frühestens somit zum Ende der festen Laufzeit.

Der Vertrag kann fristlos gekündigt werden, wenn ein wichtiger Grund für eine fristlose Kündigung vorliegt. Wichtiger Grund ist jeder Umstand, der die Fortsetzung des Vertragsverhältnisses bis zur Beendigung durch ordentliche Kündigungsfrist unzumutbar macht.

Ein fristloser Kündigungsgrund liegt auch dann vor, wenn der Vertragshändler fällige Zahlungen im Gesamtwert von mindestens EUR ... nicht innerhalb von ... Wochen nach Erhalt einer Mahnung leistet.

Wenn der Vertragshändler gegen seine Verpflichtung zur Mindestabnahme nach Ziff. ... verstößt, so kann der Lieferant den Vertrag fristlos *(oder:* mit einer Frist von zwei Monaten zum Monatsende) kündigen, es sei denn, der Vertragshändler weist nach, dass die Ursache nicht von ihm zu vertreten ist.

Ist als Vertragshändler eine Gesellschaft bestellt, so ist bei Änderung der Gesellschafter oder der Geschäftsführer der Lieferant innerhalb angemessener Frist nach Kenntnis zur außerordentlichen Kündigung befugt, sofern die Fortsetzung des Vertragsverhältnisses den Interessen des Lieferanten unter den veränderten Umständen nicht mehr entsprechen würde.

Die Kündigung hat durch eingeschriebenen Brief oder durch Fax zu erfolgen.

This Agreement is concluded for a fixed period until ... and thereafter for an indefinite period. It shall be terminable within 6 months' notice prior to the end of a calendar month, but no earlier than to the end of the fixed period.

The Agreement shall be terminable without prior notice, the termination taking immediate effect, should there be a good and sufficient reason for such extraordinary termination. A good and sufficient reason is any circumstance by which the continuation of the contract, continuing until its termination by ordinary notice, cannot be reasonably expected.

A like reason also exists should the Distributor not make payments due of EUR ... or more at the latest within ... weeks after having received a reminder.

If the Distributor does not fulfil his obligation according clause ... to buy the minimum purchases, the Distributor may be entitled to termination without prior notice (oder: *at two months' notice prior to the end of a month), unless the Distributor can prove that the reason thereof is not attributable to him.*

Where the Distributor appointed is a partnership or a company, a change among the partners or managers shall entitle the Supplier, upon receiving knowledge of such change, to terminate this Agreement by extraordinary notice within a reasonable period of time, provided, that the continuation of this Agreement would no longer correspond with the interests of the Supplier under the circumstances newly created.

Notice of termination must always be given by registered letter or by fax.

9.3 Abwicklung nach der Kündigung

Nach Ausspruch der Kündigung kann eine Regelung getroffen werden, dass der Vertragshändler sich nicht noch mit Waren eindeckt; es ist natürlich auch besonders auf die Zahlungen zu achten.

Nach Ausspruch einer ordentlichen Kündigung kann der Lieferant Bestellungen des Vertragshändlers ablehnen, die den bis dahin üblichen Umfang überschreiten. Er kann auch bei Bestellungen Zahlung per Vorauskasse verlangen.

After the notice of termination the Supplier may refuse orders of the Distributor exceeding the usual volume. He may also require cash payments before delivery.

Der Lieferant wird oft auch ein Interesse daran haben, dass der Vertragshändler bei Vertragsende keine Ware von ihm mehr auf Lager hat, sondern dass die Ware dann von dem neuen Vertragshändler verkauft wird.

Der Lieferant ist berechtigt, die Waren ganz oder zum Teil zum Preis von ... % des Einkaufspreises zurückzukaufen, die sich bei Vertragsende im Lager des Vertragshändlers befinden.

The Supplier shall be entitled to buy back all or a part of the Products upon the termination of the Agreement then being in Distributor's stock at a price of ... % of the purchase price.

Manchmal wird auch eine Verpflichtung des Lieferanten vereinbart, die Ware zurückzunehmen:

Der Lieferant ist verpflichtet, die Waren zum Preis von ... % des Einkaufspreises zurückzukaufen, die sich bei Vertragsende im Lager des Vertragshändlers befinden. Dies gilt nicht

- für Produkte, die nicht mehr verkaufsfähig sind, oder
- für Produkte, die nicht mehr im Verkaufsprogramm des Lieferanten sind, oder
- wenn die Kündigung infolge des Verschuldens des Vertragshändlers erfolgt ist.

Die Rücknahme erfolgt ... gemäß INCOTERMS 2000.

The Supplier shall buy back the Products upon the termination of the Agreement then being in Distributor's stock at a price of ... % of the purchase price. This shall not apply

- *to Products which are non sellable or*
- *to Products which are no longer in the range of the products of the Supplier or*
- *if the Agreement was terminated due to reasons attributable to the Distributor.*

The return shipment shall be ... according to INCOTERMS 2000.

9.4 Rückgabe von Unterlagen

Der Vertragshändler sollte vertraglich verpflichtet werden, bei Vertragsende das Werbematerial und alle sonstigen Geschäftsunterlagen herauszugeben.

Nach Beendigung des Vertragsverhältnisses hat der Vertragshändler das Werbematerial und die sonstigen Geschäftsunterlagen einschließlich aller Kopien dem Unternehmer zurückzugeben.

Upon termination of this Agreement the Distributor shall return to the Supplier all of Supplier's promotional material and other business documentation including all copies thereof.

9.5 Ausgleichsanspruch

Die Rechtsprechung hat auch dem Vertragshändler einen Ausgleichsanspruch zugebilligt, wenn er mit einem Handelsvertreter vergleichbar ist.[13] Zusätzlich zu den Voraussetzungen, die beim Handelsvertreter gegeben sein müssen (→ II.8.3), ist jedoch weiter notwendig, dass der Vertragshändler vertraglich verpflichtet ist, dem Lieferanten die Namen seiner Kunden zu nennen, da der Lieferant ja nur in diesem Fall von den Bemühungen des Vertragshändlers profitieren kann und die Kunden weiter selbst bearbeiten kann. Im Gegensatz zum ausländischen Handelsvertreter in EU/EWR kann man jedoch auch den Ausgleichsanspruch des ausländischen Vertragshändlers in EU/

13 Zu den Einzelheiten siehe: Detzer/Ulrich: „Gestaltung von Verträgen mit ausländischen Handelsvertretern und Vertragshändlern", Randnr. 642 ff.

EWR vertraglich ausschließen. Wenn also deutsches Recht vereinbart ist und der Vertragshändler verpflichtet ist, dem Lieferanten die Namen seiner Kunden zu nennen, kann man den Ausgleichsanspruch ausschließen.

Aufgrund der Kündigung können keinerlei Schadenersatz- oder Ausgleichsansprüche geltend gemacht werden, es sei denn, die Kündigung erfolgt aufgrund Verschuldens einer Partei.

A notice of termination shall not give cause for any claims for damages, indemnity or compensation unless the termination is due to reasons attributable to a Party.

10 Sonstiges

10.1 Anwendbares Recht

Da der Lieferant oft bei Abschluss des Vertrages eine relativ starke Stellung hat und ihm sein eigenes Recht noch eher bekannt ist, empfiehlt sich die Vereinbarung deutschen Rechts.

Das Vertragsverhältnis untersteht deutschem Recht.

This agency Agreement shall be subject to German law.

10.2 Gerichtsstand, Schiedsgericht

Im Gegensatz zum Handelsvertretervertrag (wo meist der Handelsvertreter klagt) wird es beim Vertragshändlervertrag eher vorkommen, dass sich der Lieferant genötigt sieht zu klagen, z.B. weil noch Zahlungen offen stehen.

Deshalb sollte man ein Gericht vereinbaren, dessen Urteil auch im Land des Vertragshändlers vollstreckbar ist. Wenn der Vertragshändler seinen Sitz außerhalb der EU hat, sollte man keinen deutschen Gerichtsstand vereinbaren, da die Vollstreckung fraglich ist. In erster Linie dürfte sich jedoch in allen diesen Fällen ein Schiedsgericht empfehlen (→ I.11). Da der Lieferant oft bei Vertragshändlerverträgen die stärkere Position hat, kommt vor allem die Deutsche Institution für Schiedsgerichtsbarkeit (DIS) in Frage:

Alle Streitigkeiten, die sich im Zusammenhang mit diesem Vertrag oder über seine Gültigkeit ergeben, werden nach der Schiedsgerichtsordnung der Deutschen Institution für Schiedsgerichtsbarkeit e.V. (DIS) unter Ausschluss des ordentlichen Rechtsweges endgültig entschieden.

All disputes arising in connection with this Contract or its validity shall be finally settled in accordance with the Arbitration Rules of the German Institution of Arbitration e.V. (DIS) without recourse to the ordinary courts of law.

Zu anderen Schiedsgerichten → I.11.3.

Ein staatliches (vor allem deutsches) Gericht sollte man allenfalls vereinbaren, wenn der Vertragshändler seinen Sitz in der EU hat, wo man deutsche Urteile vollstrecken kann:

Gerichtsstand für etwaige Rechtsstreitigkeiten ist der Sitz des Lieferanten. Der Lieferant ist jedoch auch befugt, das Gericht am Sitz des Vertragshändlers anzurufen.

Any litigation shall be submitted to the court having jurisdiction over the place of business of the Supplier. However, the Supplier shall also be entitled to sue the Distributor before the court having jurisdiction over the Distributor's place of business.

10.3 Verjährung, Schriftform, Einzelne Klauseln

Ob es sich wie beim Vertragshändlervertrag empfiehlt, eine kürzere Verjährungsfrist als die gesetzliche (BGB: meist drei Jahre zum Jahresende) zu vereinbaren, muss jeder für sich entscheiden, da beim Vertragshändlervertrag häufig der Lieferant Ansprüche gegen den Vertragshändler hat – vor allem auf Zahlung. Nur in den Fällen, in denen es nicht gelingt, deutsches Recht zu vereinbaren, sollte auch eine bestimmte Verjährungsfrist vereinbart werden (→ II.9.3).

Zur Schriftformklausel und zu Formulierungen bei Ungültigkeit einzelner Klauseln → II. 9.4 bzw. 9.5.

IV Anhang

Anlage 1

Vertragsstaaten des UN-Kaufrechts (CISG) vom 11. April 1980

Stand: Januar 2003

Ägypten	Lettland
Argentinien	Litauen
Australien	Luxemburg
Belarus	Mauretanien
Belgien	Mexiko
Bosnien-Herzegowina	Moldavien
Bulgarien	Mongolei
Burundi	Neuseeland
Chile	Niederlande
China	Norwegen
Dänemark	Österreich
Deutschland	Peru
Ecuador	Polen
Estland	Rumänien
Finnland	Russland
Frankreich	Sambia
Georgien	Schweden
Griechenland	Schweiz
Guinea	Singapur
Honduras	Slowakei
Irak	Slowenien
Island	Spanien
Israel	Syrien
Italien	Tschechien
Jugoslawien	Uganda
Kanada	Ukraine
Kirgisien	Ungarn
Kolumbien	Uruguay
Kroatien	USA
Kuba	Usbekistan
Lesotho	Venezuela

Anlage 2

Vertragsstaaten des UN-Übereinkommens über die Anerkennung und Vollstreckung ausländischer Schiedssprüche vom 10. Juni 1958

Stand: Januar 2003

Ägypten	Dominikanische Republik	Kambodscha
Albanien	Dschibuti	Kamerun
Algerien	Ecuador	Kanada
Antigua	El Salvador	Kasachstan
Argentinien	Estland	Kenia
Armenien	Finnland	Kirgisien
Aserbaidschan	Frankreich	Kolumbien
Australien	Georgien	Korea (Republik)
Bahrain	Ghana	Kroatien
Bangladesch	Griechenland	Kuba
Barbados	Guatemala	Kuwait
Belgien	Guinea	Laos
Benin	Haiti	Lesotho
Bolivien	Honduras	Lettland
Bosnien-Herzegowina	Indien	Libanon
Botsuana	Indonesien	Litauen
Brasilien	Iran	Luxemburg
Brunei	Irland	Madagaskar
Bulgarien	Island	Malaysia
Burkina Faso	Israel	Mali
Chile	Italien	Malta
China	Jamaika	Marokko
Costa Rica	Japan	Mauretanien
Elfenbeinküste	Jordanien	Mauritius
Dänemark	Jugoslawien	Mazedonien
Deutschland	Kaiman-Inseln	Mexiko

Moldavien	Qatar	Thailand
Monaco	Rumänien	Trinidad und Tobago
Mongolei	Russland	Tschechische Republik
Mosambik	Sambia	Türkei
Nepal	San Marino	Tunesien
Neuseeland	Saudi Arabien	Uganda
Niederlande	Schweden	Ukraine
Niger	Schweiz	Ungarn
Nigeria	Senegal	Uruguay
Norwegen	Simbabwe	Usbekistan
Oman	Singapur	Venezuela
Österreich	Slowakei	Vereinigtes Königreich
Panama	Slowenien	Vietnam
Paraguay	Spanien	Vereinigte Staaten
Peru	Sri Lanka	Weißrussland
Philippinen	Südafrika	Zentralafrikanische Republik
Polen	Syrien	Zypern
Portugal	Tansania	

Anlage 3

CISG – Convention on Contracts for the International Sale of Goods

(Übereinkommen der Vereinten Nationen über Verträge über den internationalen Warenkauf) vom 11. April 1980 (BGBl. 1989 II S. 588)

Hinweis: Die deutsche Fassung des Übereinkommens ist gemäß der Unterzeichnungsklausel für die Anwendung des CISG nicht verbindlich. Die deutschsprachigen Staaten (Bundesrepublik, ehem. DDR, Österreich, Schweiz) haben auf einer Konferenz im Jahr 1982 eine gemeinsame Übersetzung erarbeitet, so dass in diesen Ländern ein bis auf geringfügige Abweichungen übereinstimmender Text gilt. Nachfolgend ist der amtliche Text für die Bundesrepublik Deutschland abgedruckt.

Präambel

Die Vertragsstaaten dieses Übereinkommens haben

im Hinblick auf die allgemeinen Ziele der Entschließungen, die von der Sechsten Außerordentlichen Tagung der Generalversammlung der Vereinten Nationen über die Errichtung einer neuen Weltwirtschaftsordnung angenommen worden sind,

in der Erwägung, dass die Entwicklung des internationalen Handels auf der Grundlage der Gleichberechtigung und des gegenseitigen Nutzens ein wichtiges Element zur Förderung freundschaftlicher Beziehungen zwischen den Staaten ist,

in der Meinung, dass die Annahme einheitlicher Bestimmungen, die auf Verträge über den internationalen Warenkauf Anwendung finden und die verschiedenen Gesellschafts-, Wirtschafts- und Rechtsordnungen berücksichtigen, dazu beitragen würde, die rechtlichen Hindernisse im internationalen Handel zu beseitigen und seine Entwicklung zu fördern –

Folgendes vereinbart:

TEIL I
Anwendungsbereich und allgemeine Bestimmungen

Kapitel I. Anwendungsbereich

Artikel 1 [Anwendungsbereich]

(1) Dieses Übereinkommen ist auf Kaufverträge über Waren zwischen Parteien anzuwenden, die ihre Niederlassung in verschiedenen Staaten haben,

a) wenn diese Staaten Vertragsstaaten sind oder

b) wenn die Regeln des internationalen Privatrechts zur Anwendung des Rechts eines Vertragsstaats führen.

(2) Die Tatsache, dass die Parteien ihre Niederlassung in verschiedenen Staaten haben, wird nicht berücksichtigt, wenn sie sich nicht aus dem Vertrag, aus früheren Geschäftsbeziehungen oder aus Verhandlungen oder Auskünften ergibt, die vor oder bei Vertragsabschluss zwischen den Parteien geführt oder von ihnen erteilt worden sind.

(3) Bei Anwendung dieses Übereinkommens wird weder berücksichtigt, welche Staatsangehörigkeit die Parteien haben, noch ob sie Kaufleute oder Nichtkaufleute sind oder ob der Vertrag handelsrechtlicher oder bürgerlich-rechtlicher Art ist.

Artikel 2 [Anwendungsausschlüsse]

Dieses Übereinkommen findet keine Anwendung auf den Kauf

a) von Ware für den persönlichen Gebrauch oder den Gebrauch in der Familie oder im Haushalt, es sei denn, dass der Verkäufer vor oder bei Vertragsabschluss weder wusste noch wissen musste, dass die Ware für einen solchen Gebrauch gekauft wurde,

b) bei Versteigerungen,

c) aufgrund von Zwangsvollstreckungs- oder anderen gerichtlichen Maßnahmen,

d) von Wertpapieren oder Zahlungsmitteln,

e) von Seeschiffen, Binnenschiffen, Luftkissenfahrzeugen oder Luftfahrzeugen,

f) von elektrischer Energie.

Artikel 3 [Verträge über herzustellende Waren oder Dienstleistungen]

(1) Den Kaufverträgen stehen Verträge über die Lieferung herzustellender oder zu erzeugender Ware gleich, es sei denn, dass der Besteller einen wesentlichen Teil der für die Herstellung oder Erzeugung notwendigen Stoffe selbst zur Verfügung zu stellen hat.

(2) Dieses Übereinkommen ist auf Verträge nicht anzuwenden, bei denen der überwiegende Teil der Pflichten der Partei, welche die Ware liefert, in der Ausführung von Arbeiten oder anderen Dienstleistungen besteht.

Artikel 4 [Sachlicher Geltungsbereich]

Dieses Übereinkommen regelt ausschließlich den Abschluss des Kaufvertrages und die aus ihm erwachsenden Rechte und Pflichten des Verkäufers und des Käufers. Soweit in diesem Übereinkommen nicht ausdrücklich etwas anderes bestimmt ist, betrifft es insbesondere nicht

a) die Gültigkeit des Vertrages oder einzelner Vertragsbestimmungen oder die Gültigkeit von Gebräuchen,

b) die Wirkungen, die der Vertrag auf das Eigentum an der verkauften Ware haben kann.

Artikel 5 [Ausschluss der Haftung für Tod oder Körperverletzung]

Dieses Übereinkommen findet keine Anwendung auf die Haftung des Verkäufers für den durch die Ware verursachten Tod oder die Körperverletzung einer Person.

Artikel 6 [Ausschluss, Abweichung oder Änderung durch Parteiabrede]

Die Parteien können die Anwendung dieses Übereinkommens ausschließen oder, vorbehaltlich des Artikels 12, von seinen Bestimmungen abweichen oder deren Wirkung ändern.

Kapitel II. Allgemeine Bestimmungen

Artikel 7 [Auslegung des Übereinkommens und Lückenfüllung]

(1) Bei der Auslegung dieses Übereinkommens sind sein internationaler Charakter und die Notwendigkeit zu berücksichtigen, seine einheitliche Anwendung und die Wahrung des guten Glaubens im internationalen Handel zu fordern.

(2) Fragen, die in diesem Übereinkommen geregelte Gegenstände betreffen, aber in diesem Übereinkommen nicht ausdrücklich entschieden werden, sind nach den allgemeinen Grundsätzen, die diesem Übereinkommen zugrunde liegen, oder mangels solcher Grundsätze nach dem Recht zu entscheiden, das nach den Regeln des internationalen Privatrechts anzuwenden ist.

Artikel 8 [Auslegung von Erklärungen und Verhalten]

(1) Für die Zwecke dieses Übereinkommens sind Erklärungen und das sonstige Verhalten einer Partei nach deren Willen auszulegen, wenn die andere Partei diesen Willen kannte oder darüber nicht in Unkenntnis sein konnte.

(2) Ist Absatz 1 nicht anwendbar, so sind Erklärungen und das sonstige Verhalten einer Partei

so auszulegen, wie eine vernünftige Person der gleichen Art wie die andere Partei sie unter den gleichen Umständen aufgefasst hätte.

(3) Um den Willen einer Partei oder die Auffassung festzustellen, die eine vernünftige Person gehabt hätte, sind alle erheblichen Umstände zu berücksichtigen, insbesondere die Verhandlungen zwischen den Parteien, die zwischen ihnen entstandenen Gepflogenheiten, die Gebräuche und das spätere Verhalten der Parteien.

Artikel 9 [Handelsbräuche und Gepflogenheiten]

(1) Die Parteien sind an die Gebräuche, mit denen sie sich einverstanden erklärt haben, und an die Gepflogenheiten gebunden, die zwischen ihnen entstanden sind.

(2) Haben die Parteien nichts anderes vereinbart, so wird angenommen, dass sie sich in ihrem Vertrag oder bei seinem Abschluss stillschweigend auf Gebräuche bezogen haben, die sie kannten oder kennen mussten und die im internationalen Handel den Parteien von Verträgen dieser Art in dem betreffenden Geschäftszweig weithin bekannt sind und von ihnen regelmäßig beachtet werden.

Artikel 10 [Niederlassung]

Für die Zwecke dieses Übereinkommens ist,

a) falls eine Partei mehr als eine Niederlassung hat, die Niederlassung maßgebend, die unter Berücksichtigung der vor oder bei Vertragsabschluss den Parteien bekannten oder von ihnen in Betracht gezogenen Umstände die engste Beziehung zu dem Vertrag und zu seiner Erfüllung hat;

b) falls eine Partei keine Niederlassung hat, ihr gewöhnlicher Aufenthalt maßgebend.

Artikel 11 [Formfreiheit]

Der Kaufvertrag braucht nicht schriftlich geschlossen oder nachgewiesen zu werden und unterliegt auch sonst keinen Formvorschriften. Er kann auf jede Weise bewiesen werden, auch durch Zeugen.

Artikel 12 [Wirkungen eines Vorbehaltes hinsichtlich der Formfreiheit]

Die Bestimmungen der Artikel 11 und 29 oder des Teils 11 dieses Übereinkommens, die für den Abschluss eines Kaufvertrages, seine Änderung oder Aufhebung durch Vereinbarung oder für ein Angebot, eine Annahme oder eine sonstige Willenserklärung eine andere als die schriftliche Form gestatten, gelten nicht, wenn eine Partei ihre Niederlassung in einem Vertragsstaat hat, der eine Erklärung nach Artikel 96 abgegeben hat. Die Parteien dürfen von dem vorliegenden Artikel weder abweichen noch seine Wirkung ändern.

Artikel 13 [Schriftlichkeit]

Für die Zwecke dieses Übereinkommens umfasst der Ausdruck „schriftlich" auch Mitteilungen durch Telegramm oder Fernschreiben.

Teil II
Abschluss des Vertrages

Artikel 14 [Begriff des Angebots]

(1) Der an eine oder mehrere bestimmte Personen gerichtete Vorschlag zum Abschluss eines Vertrages stellt ein Angebot dar, wenn er bestimmt genug ist und den Willen des Anbietenden zum Ausdruck bringt, im Falle der Annahme gebunden zu sein. Ein Vorschlag ist bestimmt genug, wenn er die Ware bezeichnet und ausdrücklich oder stillschweigend die Menge und den Preis festsetzt oder deren Festsetzung ermöglicht.

(2) Ein Vorschlag, der nicht an eine oder mehrere bestimmte Personen gerichtet ist, gilt nur als Aufforderung, ein Angebot abzugeben, wenn nicht die Person, die den Vorschlag macht, das Gegenteil deutlich zum Ausdruck bringt.

Artikel 15 [Wirksamwerden des Angebots, Rücknahme]

(1) Ein Angebot wird wirksam, sobald es dem Empfänger zugeht.

(2) Ein Angebot kann, selbst wenn es unwiderruflich ist, zurückgenommen werden, wenn die

Rücknahmeerklärung dem Empfänger vor oder gleichzeitig mit dem Angebot zugeht.

Artikel 16 [Widerruf des Angebots]

(1) Bis zum Abschluss des Vertrages kann ein Angebot widerrufen werden, wenn der Widerruf dem Empfänger zugeht, bevor dieser eine Annahmeerklärung abgesandt hat.

(2) Ein Angebot kann jedoch nicht widerrufen werden,

a) wenn es durch Bestimmung einer festen Frist zur Annahme oder auf andere Weise zum Ausdruck bringt, dass es unwiderruflich ist, oder

b) wenn der Empfänger vernünftigerweise darauf vertrauen konnte, dass das Angebot unwiderruflich ist, und er im Vertrauen auf das Angebot gehandelt hat.

Artikel 17 [Erlöschen des Angebots]

Ein Angebot erlischt, selbst wenn es unwiderruflich ist, sobald dem Anbietenden eine Ablehnung zugeht.

Artikel 18 [Begriff der Annahme]

(1) Eine Erklärung oder ein sonstiges Verhalten des Empfängers, das eine Zustimmung zum Angebot ausdrückt, stellt eine Annahme dar. Schweigen oder Untätigkeit allein stellen keine Annahme dar.

(2) Die Annahme eines Angebots wird wirksam, sobald die Äußerung der Zustimmung dem Anbietenden zugeht. Sie wird nicht wirksam, wenn die Äußerung der Zustimmung dem Anbietenden nicht innerhalb der von ihm gesetzten Frist oder, bei Fehlen einer solchen Frist, innerhalb einer angemessenen Frist zugeht; dabei sind die Umstände des Geschäfts einschließlich der Schnelligkeit der vom Anbietenden gewählten Übermittlungsart zu berücksichtigen. Ein mündliches Angebot muss sofort angenommen werden, wenn sich aus den Umständen nichts anderes ergibt.

(3) Äußert jedoch der Empfänger aufgrund des Angebots, der zwischen den Parteien entstandenen Gepflogenheiten oder der Gebräuche seine Zustimmung dadurch, dass er eine Handlung vornimmt, die sich zum Beispiel auf die Absendung der Ware oder die Zahlung des Preises bezieht, ohne den Anbietenden davon zu unterrichten, so ist die Annahme zum Zeitpunkt der Handlung wirksam, sofern diese innerhalb der in Absatz 2 vorgeschriebenen Frist vorgenommen wird.

Artikel 19 [Ergänzungen, Einschränkungen und sonstige Änderungen zum Angebot]

(1) Eine Antwort auf ein Angebot, die eine Annahme darstellen soll, aber Ergänzungen, Einschränkungen oder sonstige Änderungen enthält, ist eine Ablehnung des Angebots und stellt ein Gegenangebot dar.

(2) Eine Antwort auf ein Angebot, die eine Annahme darstellen soll, aber Ergänzungen oder Abweichungen enthält, welche die Bedingungen des Angebots nicht wesentlich ändern, stellt jedoch eine Annahme dar, wenn der Anbietende das Fehlen der Übereinstimmung nicht unverzüglich mündlich beanstandet oder eine entsprechende Mitteilung absendet. Unterlässt er dies, so bilden die Bedingungen des Angebots mit den in der Annahme enthaltenen Änderungen den Vertragsinhalt.

(3) Ergänzungen oder Abweichungen, die sich insbesondere auf Preis, Bezahlung, Qualität und Menge der Ware, auf Ort und Zeit der Lieferung, auf den Umfang der Haftung der einen Partei gegenüber der anderen oder auf die Beilegung von Streitigkeiten beziehen, werden so angesehen, als änderten sie die Bedingungen des Angebots wesentlich.

Artikel 20 [Annahmefrist]

(1) Eine vom Anbietenden in einem Telegramm oder einem Brief gesetzte Frist beginnt mit Aufgabe des Telegramms oder mit dem im Brief angegebenen Datum oder, wenn kein Datum angegeben ist, mit dem auf dem Umschlag angegebenen Datum zu laufen. Eine vom Anbietenden telefonisch, durch Fernschreiben oder eine andere sofortige Übermittlungsart gesetzte Annahmefrist beginnt zu laufen, sobald das Angebot dem Empfänger zugeht.

(2) Gesetzliche Feiertage oder arbeitsfreie Tage, die in die Laufzeit der Annahmefrist fallen, werden bei der Fristberechnung mitgezählt. Kann jedoch die Mitteilung der Annahme am letzten Tag der Frist nicht an die Anschrift des Anbietenden zugestellt werden, weil dieser Tag am Ort der Niederlassung des Anbietenden auf einen gesetzlichen Feiertag oder arbeitsfreien Tag fällt, so verlängert sich die Frist bis zum ersten darauf folgenden Arbeitstag.

Artikel 21 [Verspätete Annahme]

(1) Eine verspätete Annahme ist dennoch als Annahme wirksam, wenn der Anbietende unverzüglich den Annehmenden in diesem Sinne mündlich unterrichtet oder eine entsprechende schriftliche Mitteilung absendet.

(2) Ergibt sich aus dem eine verspätete Annahme enthaltenden Brief oder anderen Schriftstück, dass die Mitteilung nach den Umständen, unter denen sie abgesandt worden ist, bei normaler Beförderung dem Anbietenden rechtzeitig zugegangen wäre, so ist die verspätete Annahme als Annahme wirksam, wenn der Anbietende nicht unverzüglich den Annehmenden mündlich davon unterrichtet, dass er sein Angebot als erloschen betrachtet, oder eine entsprechende schriftliche Mitteilung absendet.

Artikel 22 [Rücknahme der Annahme]

Eine Annahme kann zurückgenommen werden, wenn die Rücknahmeerklärung dem Anbietenden vor oder in dem Zeitpunkt zugeht, in dem die Annahme wirksam geworden wäre.

Artikel 23 [Zeitpunkt des Vertragsschlusses]

Ein Vertrag ist in dem Zeitpunkt geschlossen, in dem die Annahme eines Angebots nach diesem Übereinkommen wirksam wird.

Artikel 24 [Begriff des Zugangs]

Für die Zwecke dieses Teils des Übereinkommens „geht" ein Angebot, eine Annahmeerklärung oder sonstige Willenserklärung dem Empfänger „zu", wenn sie ihm mündlich gemacht wird oder wenn sie auf anderem Weg ihm persönlich, an seiner Niederlassung oder Postanschrift oder, wenn diese fehlen, an seinem gewöhnlichen Aufenthaltsort zugestellt wird.

Teil III
Warenkauf

Kapitel I. Allgemeine Bestimmungen

Artikel 25 [Wesentliche Vertragsverletzung]

Eine von einer Partei begangene Vertragsverletzung ist wesentlich, wenn sie für die andere Partei solchen Nachteil zur Folge hat, dass ihr im Wesentlichen entgeht, was sie nach dem Vertrag hätte erwarten dürfen, es sei denn, dass die vertragsbrüchige Partei diese Folge nicht vorausgesehen hat und eine vernünftige Person der gleichen Art diese Folge unter den gleichen Umständen auch nicht vorausgesehen hätte.

Artikel 26 [Aufhebungserklärung]

Eine Erklärung, dass der Vertrag aufgehoben wird, ist nur wirksam, wenn sie der anderen Partei mitgeteilt wird.

Artikel 27 [Absendetheorie]

Soweit in diesem Teil des Übereinkommens nicht ausdrücklich etwas anderes bestimmt wird, nimmt bei einer Anzeige, Aufforderung oder sonstigen Mitteilung, die eine Partei gemäß diesem Teil mit den nach den Umständen geeigneten Mitteln macht, eine Verzögerung oder ein Irrtum bei der Übermittlung der Mitteilung oder deren Nichteintreffen dieser Partei nicht das Recht, sich auf die Mitteilung zu berufen.

Artikel 28 [Erfüllungsanspruch]

Ist eine Partei nach diesem Übereinkommen berechtigt, von der anderen Partei die Erfüllung einer Verpflichtung zu verlangen, so braucht ein Gericht eine Entscheidung auf Erfüllung in Natur nur zu fällen, wenn es dies auch nach seinem eigenen Recht bei gleichartigen Kaufverträgen täte, die nicht unter dieses Übereinkommen fallen.

Artikel 29
[Vertragsänderung oder -aufhebung]

(1) Ein Vertrag kann durch bloße Vereinbarung der Parteien geändert oder aufgehoben werden.

(2) Enthält ein schriftlicher Vertrag eine Bestimmung, wonach jede Änderung oder Aufhebung durch Vereinbarung schriftlich zu erfolgen hat, so darf er nicht auf andere Weise geändert oder aufgehoben werden. Eine Partei kann jedoch aufgrund ihres Verhaltens davon ausgeschlossen sein, sich auf eine solche Bestimmung zu berufen, soweit die andere Partei sich auf dieses Verhalten verlassen hat.

Kapitel II. Pflichten des Verkäufers

Artikel 30 [Pflichten des Verkäufers]

Der Verkäufer ist nach Maßgabe des Vertrages und dieses Übereinkommens verpflichtet, die Ware zu liefern, die sie betreffenden Dokumente zu übergeben und das Eigentum an der Ware zu übertragen.

Abschnitt I. Lieferung der Ware und Übergabe der Dokumente

Artikel 31 [Inhalt der Lieferpflicht und Ort der Lieferung]

Hat der Verkäufer die Ware nicht an einem anderen bestimmten Ort zu liefern, so besteht seine Lieferpflicht in Folgendem:

a) Erfordert der Kaufvertrag eine Beförderung der Ware, so hat sie der Verkäufer dem ersten Beförderer zur Übermittlung an den Käufer zu übergeben;

b) bezieht sich der Vertrag in Fällen, die nicht unter Buchstabe a fallen, auf bestimmte Ware oder auf gattungsmäßig bezeichnete Ware, die aus einem bestimmten Bestand zu entnehmen ist, oder auf herzustellende oder zu erzeugende Ware und wussten die Parteien bei Vertragsabschluss, dass die Ware sich an einem bestimmten Ort befand oder dort herzustellen oder zu erzeugen war, so hat der Verkäufer die Ware dem Käufer an diesem Ort zur Verfügung zu stellen;

c) in den anderen Fällen hat der Verkäufer die Ware dem Käufer an dem Ort zur Verfügung zu stellen, an dem der Verkäufer bei Vertragsabschluss seine Niederlassung hatte.

Artikel 32 [Verpflichtungen hinsichtlich der Beförderung der Ware]

(1) Übergibt der Verkäufer nach dem Vertrag oder diesem Übereinkommen die Ware einem Beförderer und ist die Ware nicht deutlich durch daran angebrachte Kennzeichen oder durch Beförderungsdokumente oder auf andere Weise dem Vertrag zugeordnet, so hat der Verkäufer dem Käufer die Versendung anzuzeigen und dabei die Ware im Einzelnen zu bezeichnen.

(2) Hat der Verkäufer für die Beförderung der Ware zu sorgen, so hat er die Verträge zu schließen, die zur Beförderung an den festgesetzten Ort mit den nach den Umständen angemessenen Beförderungsmitteln und zu den für solche Beförderungen üblichen Bedingungen erforderlich sind.

(3) Ist der Verkäufer nicht zum Abschluss einer Transportversicherung verpflichtet, so hat er dem Käufer auf dessen Verlangen alle ihm verfügbaren, zum Abschluss einer solchen Versicherung erforderlichen Auskünfte zu erteilen.

Artikel 33 [Zeit der Lieferung]

Der Verkäufer hat die Ware zu liefern,

a) wenn ein Zeitpunkt im Vertrag bestimmt ist oder aufgrund des Vertrages bestimmt werden kann, zu diesem Zeitpunkt,

b) wenn ein Zeitraum im Vertrag bestimmt ist oder aufgrund des Vertrages bestimmt werden kann, jederzeit innerhalb dieses Zeitraums, sofern sich nicht aus den Umständen ergibt, dass der Käufer den Zeitpunkt zu wählen hat, oder

c) in allen anderen Fällen innerhalb einer angemessenen Frist nach Vertragsabschluss.

Artikel 34 [Übergabe von Dokumenten]

Hat der Verkäufer Dokumente zu übergeben, die sich auf die Ware beziehen, so hat er sie zu dem Zeitpunkt, an dem Ort und in der Form zu übergeben, die im Vertrag vorgesehen sind. Hat der Verkäufer die Dokumente bereits vorher übergeben, so kann er bis zu dem für die Übergabe vorgesehenen Zeitpunkt jede Vertragswidrigkeit der Dokumente beheben, wenn die Ausübung dieses Rechts dem Käufer nicht unzumutbare Unannehmlichkeiten oder unverhältnismäßige Kosten verursacht. Der Käufer behält jedoch das Recht, Schadenersatz nach diesem Übereinkommen zu verlangen.

Abschnitt II. Vertragsmäßigkeit der Ware sowie Rechte oder Ansprüche Dritter

Artikel 35 [Vertragsmäßigkeit der Ware]

(1) Der Verkäufer hat Ware zu liefern, die in Menge, Qualität und Art sowie hinsichtlich Verpackung oder Behältnis den Anforderungen des Vertrages entspricht.

(2) Haben die Parteien nichts anderes vereinbart, so entspricht die Ware dem Vertrag nur,

a) wenn sie sich für die Zwecke eignet, für die Ware der gleichen Art gewöhnlich gebraucht wird;

b) wenn sie sich für einen bestimmten Zweck eignet, der dem Verkäufer bei Vertragsabschluss ausdrücklich oder auf andere Weise zur Kenntnis gebracht wurde, sofern sich nicht aus den Umständen ergibt, dass der Käufer auf die Sachkenntnis und das Urteilsvermögen des Verkäufers nicht vertraute oder vernünftigerweise nicht vertrauen konnte;

c) wenn sie die Eigenschaften einer Ware besitzt, die der Verkäufer dem Käufer als Probe oder Muster vorgelegt hat;

d) wenn sie in der für Ware dieser Art üblichen Weise oder, falls es eine solche Weise nicht gibt, in einer für die Erhaltung und den Schutz der Ware angemessenen Weise verpackt ist.

(3) Der Verkäufer haftet nach Absatz 2 Buchstaben a bis d nicht für eine Vertragswidrigkeit der Ware, wenn der Käufer bei Vertragsabschluss diese Vertragswidrigkeit kannte oder darüber nicht in Unkenntnis sein konnte.

Artikel 36 [Maßgeblicher Zeitpunkt für die Vertragsmäßigkeit]

(1) Der Verkäufer haftet nach dem Vertrag und diesem Übereinkommen für eine Vertragswidrigkeit, die im Zeitpunkt des Übergangs der Gefahr auf den Käufer besteht, auch wenn die Vertragswidrigkeit erst nach diesem Zeitpunkt offenbar wird.

(2) Der Verkäufer haftet auch für eine Vertragswidrigkeit, die nach dem in Absatz I angegebenen Zeitpunkt eintritt und auf die Verletzung einer seiner Pflichten zurückzuführen ist, einschließlich der Verletzung einer Garantie dafür, dass die Ware für eine bestimmte Zeit für den üblichen Zweck oder für einen bestimmten Zweck geeignet bleiben oder besondere Eigenschaften oder Merkmale behalten wird.

Artikel 37 [Nacherfüllung bei vorzeitiger Lieferung]

Bei vorzeitiger Lieferung der Ware behält der Verkäufer bis zu dem für die Lieferung festgesetzten Zeitpunkt das Recht, fehlende Teile nachzuliefern, eine fehlende Menge auszugleichen, für nicht vertragsgemäße Ware Ersatz zu liefern oder die Vertragswidrigkeit der gelieferten Ware zu beheben, wenn die Ausübung dieses Rechts dem Käufer nicht unzumutbare Unannehmlichkeiten oder unverhältnismäßige Kosten verursacht. Der Käufer behält jedoch das Recht, Schadenersatz nach diesem Übereinkommen zu verlangen.

Artikel 38 [Untersuchung der Ware]

(1) Der Käufer hat die Ware innerhalb einer so kurzen Frist zu untersuchen oder untersuchen zu lassen, wie es die Umstände erlauben.

(2) Erfordert der Vertrag eine Beförderung der Ware, so kann die Untersuchung bis nach dem Eintreffen der Ware am Bestimmungsort aufgeschoben werden.

(3) Wird die Ware vom Käufer umgeleitet oder von ihm weiterversandt, ohne dass er ausreichend Gelegenheit hatte, sie zu untersuchen, und kannte der Verkäufer bei Vertragsabschluss die Möglichkeit einer solchen Umleitung oder Weiterversendung oder musste er sie kennen, so kann die Untersuchung bis nach dem Eintreffen der Ware an ihrem neuen Bestimmungsort aufgeschoben werden.

Artikel 39 [Mängelrüge]

(1) Der Käufer verliert das Recht, sich auf eine Vertragswidrigkeit der Ware zu berufen, wenn er sie dem Verkäufer nicht innerhalb einer angemessenen Frist nach dem Zeitpunkt, in dem er sie festgestellt hat oder hätte feststellen müssen, anzeigt und dabei die Art der Vertragswidrigkeit genau bezeichnet.

(2) Der Käufer verliert in jedem Fall das Recht, sich auf die Vertragswidrigkeit der Ware zu berufen, wenn er sie nicht spätestens innerhalb von zwei Jahren, nachdem ihm die Ware tatsächlich übergeben worden ist, dem Verkäufer anzeigt, es sei denn, dass diese Frist mit einer vertraglichen Garantiefrist unvereinbar ist.

Artikel 40 [Bösgläubigkeit des Verkäufers]

Der Verkäufer kann sich auf die Artikel 38 und 39 nicht berufen, wenn die Vertragswidrigkeit auf Tatsachen beruht, die er kannte oder über die er nicht in Unkenntnis sein konnte und die er dem Käufer nicht offenbart hat.

Artikel 41 [Rechtsmängel]

Der Verkäufer hat Ware zu liefern, die frei von Rechten oder Ansprüchen Dritter ist, es sei denn, dass der Käufer eingewilligt hat, die mit einem solchen Recht oder Anspruch behaftete Ware zu nehmen. Beruhen jedoch solche Rechte oder Ansprüche auf gewerblichem oder anderem geistigen Eigentum, so regelt Artikel 42 die Verpflichtung des Verkäufers.

Artikel 42 [Belastung mit Schutzrechten Dritter]

(1) Der Verkäufer hat Ware zu liefern, die frei von Rechten oder Ansprüchen Dritter ist, die auf gewerblichem oder anderem geistigen Eigentum beruhen und die der Verkäufer bei Vertragsabschluss kannte oder über die er nicht in Unkenntnis sein konnte, vorausgesetzt, das Recht oder der Anspruch beruht auf gewerblichem oder anderem geistigen Eigentum

a) nach dem Recht des Staates, in dem die Ware weiterverkauft oder in dem sie in anderer Weise verwendet wird, wenn die Parteien bei Vertragsabschluss in Betracht gezogen haben, dass die Ware dort weiterverkauft oder verwendet werden wird, oder

b) in jedem anderen Falle nach dem Recht des Staates, in dem der Käufer seine Niederlassung hat.

(2) Die Verpflichtung des Verkäufers nach Absatz 1 erstreckt sich nicht auf Fälle,

a) in denen der Käufer im Zeitpunkt des Vertragsabschlusses das Recht oder den Anspruch kannte oder darüber nicht in Unkenntnis sein konnte, oder

b) in denen das Recht oder der Anspruch sich daraus ergibt, dass der Verkäufer sich nach technischen Zeichnungen, Entwürfen, Formeln oder sonstigen Angaben gerichtet hat, die der Käufer zur Verfügung gestellt hat.

Artikel 43 [Rügepflicht]

(1) Der Käufer kann sich auf Artikel 41 oder 42 nicht berufen, wenn er dem Verkäufer das Recht oder den Anspruch des Dritten nicht innerhalb einer angemessenen Frist nach dem Zeitpunkt, in dem er davon Kenntnis erlangt hat oder hätte erlangen müssen, anzeigt und dabei genau bezeichnet, welcher Art das Recht oder der Anspruch des Dritten ist.

(2) Der Verkäufer kann sich nicht auf Absatz 1 berufen, wenn er das Recht oder den Anspruch des Dritten und seine Art kannte.

Artikel 44 [Entschuldigung für unterlassene Anzeige]

Ungeachtet des Artikels 39 Absatz 1 und des Artikels 43 Absatz 1 kann der Käufer den Preis nach Artikel 50 herabsetzen oder Schadenersatz, außer für entgangenen Gewinn, verlangen, wenn er eine vernünftige Entschuldigung dafür hat, dass er die erforderliche Anzeige unterlassen hat.

Abschnitt III. Rechtsbehelfe des Käufers wegen Vertragsverletzung durch den Verkäufer

Artikel 45 [Rechtsbehelfe des Käufers; keine zusätzliche Frist]

(1) Erfüllt der Verkäufer eine seiner Pflichten nach dem Vertrag oder diesem Übereinkommen nicht, so kann der Käufer

a) die in Artikel 46 bis 52 vorgesehenen Rechte ausüben;

b) Schadenersatz nach Artikel 74 bis 77 verlangen.

(2) Der Käufer verliert das Recht, Schadenersatz zu verlangen, nicht dadurch, dass er andere Rechtsbehelfe ausübt.

(3) Übt der Käufer einen Rechtsbehelf wegen Vertragsverletzung aus, so darf ein Gericht oder Schiedsgericht dem Verkäufer keine zusätzliche Frist gewähren.

Artikel 46 [Recht des Käufers auf Erfüllung oder Nacherfüllung]

(1) Der Käufer kann vom Verkäufer Erfüllung seiner Pflichten verlangen, es sei denn, dass der Käufer einen Rechtsbehelf ausgeübt hat, der mit diesem Verlangen unvereinbar ist.

(2) Ist die Ware nicht vertragsgemäß, so kann der Käufer Ersatzlieferung nur verlangen, wenn die Vertragswidrigkeit eine wesentliche Vertragsverletzung darstellt und die Ersatzlieferung entweder zusammen mit einer Anzeige nach Artikel 39 oder innerhalb einer angemessenen Frist danach verlangt wird.

(3) Ist die Ware nicht vertragsgemäß, so kann der Käufer den Verkäufer auffordern, die Vertragswidrigkeit durch Nachbesserung zu beheben, es sei denn, dass dies unter Berücksichtigung aller Umstände unzumutbar ist. Nachbesserung muss entweder zusammen mit einer Anzeige nach Artikel 39 oder innerhalb einer angemessenen Frist danach verlangt werden.

Artikel 47 [Nachfrist]

(1) Der Käufer kann dem Verkäufer eine angemessene Nachfrist zur Erfüllung seiner Pflichten setzen.

(2) Der Käufer kann vor Ablauf dieser Frist keinen Rechtsbehelf wegen Vertragsverletzung ausüben, außer wenn er vom Verkäufer die Anzeige erhalten hat, dass dieser seine Pflichten nicht innerhalb der so gesetzten Frist erfüllen wird. Der Käufer behält jedoch das Recht, Schadenersatz wegen verspäteter Erfüllung zu verlangen.

Artikel 48 [Recht des Verkäufers zur Nacherfüllung]

(1) Vorbehaltlich des Artikels 49 kann der Verkäufer einen Mangel in der Erfüllung seiner Pflichten auch nach dem Liefertermin auf eigene Kosten beheben, wenn dies keine unzumutbare Verzögerung nach sich zieht und dem Käufer weder unzumutbare Unannehmlichkeiten noch Ungewissheit über die Erstattung seiner Auslagen durch den Verkäufer verursacht. Der Käufer behält jedoch das Recht, Schadenersatz nach diesem Übereinkommen zu verlangen.

(2) Fordert der Verkäufer den Käufer auf, ihm mitzuteilen, ob er die Erfüllung annehmen will, und entspricht der Käufer der Aufforderung nicht innerhalb einer angemessenen Frist, so kann der Verkäufer innerhalb der in seiner Aufforderung angegebenen Frist erfüllen. Der Käufer kann vor Ablauf dieser Frist keinen Rechtsbehelf ausüben, der mit der Erfüllung durch den Verkäufer unvereinbar ist.

(3) Zeigt der Verkäufer dem Käufer an, dass er innerhalb einer bestimmten Frist erfüllen wird, so wird vermutet, dass die Anzeige eine Aufforderung an den Käufer nach Absatz 2 enthält, seine Entscheidung mitzuteilen.

(4) Eine Aufforderung oder Anzeige des Verkäufers nach Absatz 2 oder 3 ist nur wirksam, wenn der Käufer sie erhalten hat.

Artikel 49 [Vertragsaufhebung]

(1) Der Käufer kann die Aufhebung des Vertrages erklären,

a) wenn die Nichterfüllung einer dem Verkäufer nach dem Vertrag oder diesem Übereinkommen obliegenden Pflicht eine wesentliche Vertragsverletzung darstellt oder

b) wenn im Falle der Nichtlieferung der Verkäufer die Ware nicht innerhalb der vom Käufer nach Artikel 47 Absatz 1 gesetzten Nachfrist liefert oder wenn er erklärt, dass er nicht innerhalb der so gesetzten Frist liefern wird.

(2) Hat der Verkäufer die Ware geliefert, so verliert jedoch der Käufer sein Recht, die Aufhebung des Vertrages zu erklären, wenn er

a) im Falle der verspäteten Lieferung die Aufhebung nicht innerhalb einer angemessenen Frist erklärt, nachdem er erfahren hat, dass die Lieferung erfolgt ist, oder

b) im Falle einer anderen Vertragsverletzung als verspäteter Lieferung die Aufhebung nicht innerhalb einer angemessenen Frist erklärt,

   i) nachdem er die Vertragsverletzung kannte oder kennen musste,

   ii) nachdem eine vom Käufer nach Artikel 47 Absatz 1 gesetzte Nachfrist abgelaufen ist oder nachdem der Verkäufer erklärt hat, dass er seine Pflichten nicht innerhalb der Nachfrist erfüllen wird, oder

   iii) nachdem eine vom Verkäufer nach Artikel 48 Absatz 2 gesetzte Frist abgelaufen ist oder nachdem der Käufer erklärt hat, dass er die Erfüllung nicht annehmen wird.

Artikel 50 [Minderung]

Ist die Ware nicht vertragsgemäß, so kann der Käufer unabhängig davon, ob der Kaufpreis bereits gezahlt worden ist oder nicht, den Preis in dem Verhältnis herabsetzen, in dem der Wert, den die tatsächlich gelieferte Ware im Zeitpunkt der Lieferung hatte, zu dem Wert steht, den vertragsgemäße Ware zu diesem Zeitpunkt gehabt hätte. Behebt jedoch der Verkäufer nach Artikel 37 oder 48 einen Mangel in der Erfüllung seiner Pflichten oder weigert sich der Käufer, Erfüllung durch den Verkäufer nach den genannten Artikeln anzunehmen, so kann der Käufer den Preis nicht herabsetzen.

Artikel 51 [Teilweise Nichterfüllung]

(1) Liefert der Verkäufer nur einen Teil der Ware oder ist nur ein Teil der gelieferten Ware vertragsgemäß, so gelten für den Teil, der fehlt oder der nicht vertragsgemäß ist, die Artikel 46 bis 50.

(2) Der Käufer kann nur dann die Aufhebung des gesamten Vertrages erklären, wenn die unvollständige oder nicht vertragsgemäße Lieferung eine wesentliche Vertragsverletzung darstellt.

Artikel 52 [Vorzeitige Lieferung und Zuviellieferung]

(1) Liefert der Verkäufer die Ware vor dem festgesetzten Zeitpunkt, so steht es dem Käufer frei, sie abzunehmen oder die Abnahme zu verweigern.

(2) Liefert der Verkäufer eine größere als die vereinbarte Menge, so kann der Käufer die zuviel gelieferte Menge abnehmen oder ihre Abnahme verweigern. Nimmt der Käufer die zuviel gelieferte Menge ganz oder teilweise ab, so hat er sie entsprechend dem vertraglichen Preis zu bezahlen.

Kapitel III. Pflichten des Käufers

Artikel 53 [Zahlung des Kaufpreises; Abnahme der Ware]

Der Käufer ist nach Maßgabe des Vertrages und dieses Übereinkommens verpflichtet, den Kaufpreis zu zahlen und die Ware abzunehmen.

Abschnitt I. Zahlung des Kaufpreises

Artikel 54 [Kaufpreiszahlung]

Zur Pflicht des Käufers, den Kaufpreis zu zahlen, gehört es auch, die Maßnahmen zu treffen und die Förmlichkeiten zu erfüllen, die der Vertrag oder Rechtsvorschriften erfordern, damit Zahlung geleistet werden kann.

Artikel 55 [Bestimmung des Preises]

Ist ein Vertrag gültig geschlossen worden, ohne dass er den Kaufpreis ausdrücklich oder stillschweigend festsetzt oder dessen Festsetzung ermöglicht, so wird mangels gegenteiliger Anhaltspunkte vermutet, dass die Parteien sich stillschweigend auf den Kaufpreis bezogen haben, der bei Vertragsabschluss allgemein für derartige Ware berechnet wurde, die in dem betreffenden Geschäftszweig unter vergleichbaren Umständen verkauft wurde.

Artikel 56 [Kaufpreis nach Gewicht]

Ist der Kaufpreis nach dem Gewicht der Ware festgesetzt, so bestimmt er sich im Zweifel nach dem Nettogewicht.

Artikel 57 [Zahlungsort]

(1) Ist der Käufer nicht verpflichtet, den Kaufpreis an einem anderen bestimmten Ort zu zahlen, so hat er ihn dem Verkäufer wie folgt zu zahlen:

a) am Ort der Niederlassung des Verkäufers oder,

b) wenn die Zahlung gegen Übergabe der Ware oder von Dokumenten zu leisten ist, an dem Ort, an dem die Übergabe stattfindet.

(2) Der Verkäufer hat alle mit der Zahlung zusammenhängenden Mehrkosten zu tragen, die durch einen Wechsel seiner Niederlassung nach Vertragsabschluss entstehen.

Artikel 58 [Zahlungszeit; Zahlung als Bedingung der Übergabe; Untersuchung vor Zahlung]

(1) Ist der Käufer nicht verpflichtet, den Kaufpreis zu einer bestimmten Zeit zu zahlen, so hat er den Preis zu zahlen, sobald ihm der Verkäufer entweder die Ware oder die Dokumente, die zur Verfügung darüber berechtigen, nach dem Vertrag und diesem Übereinkommen zur Verfügung gestellt hat. Der Verkäufer kann die Übergabe der Ware oder der Dokumente von der Zahlung abhängig machen.

(2) Erfordert der Vertrag eine Beförderung der Ware, so kann der Verkäufer sie mit der Maßgabe versenden, dass die Ware oder die Dokumente, die zur Verfügung darüber berechtigen, dem Käufer nur gegen Zahlung des Kaufpreises zu übergeben sind.

(3) Der Käufer ist nicht verpflichtet, den Kaufpreis zu zahlen, bevor er Gelegenheit gehabt hat, die Ware zu untersuchen, es sei denn, die von den Parteien vereinbarten Lieferungs- oder Zahlungsmodalitäten bieten hierzu keine Gelegenheit.

Artikel 59 [Zahlung ohne Aufforderung]

Der Käufer hat den Kaufpreis zu dem Zeitpunkt, der in dem Vertrag festgesetzt oder nach dem Vertrag und diesem Übereinkommen bestimmbar ist, zu zahlen, ohne dass es einer Aufforderung oder der Einhaltung von Förmlichkeiten seitens des Verkäufers bedarf.

Abschnitt II. Abnahme

Artikel 60 [Begriff der Abnahme]

Die Pflicht des Käufers zur Abnahme besteht darin,

a) alle Handlungen vorzunehmen, die vernünftigerweise von ihm erwartet werden können, damit dem Verkäufer die Lieferung ermöglicht wird, und

b) die Ware zu übernehmen.

Abschnitt III. Rechtsbehelfe des Verkäufers wegen Vertragsverletzung durch den Käufer

Artikel 61 [Rechtsbehelfe des Verkäufers; keine zusätzliche Frist]

(1) Erfüllt der Käufer eine seiner Pflichten nach dem Vertrag oder diesem Übereinkommen nicht, so kann der Verkäufer

a) die in Artikel 62 bis 65 vorgesehenen Rechte ausüben;

b) Schadenersatz nach Artikel 74 bis 77 verlangen.

(2) Der Verkäufer verliert das Recht, Schadenersatz zu verlangen, nicht dadurch, dass er andere Rechtsbehelfe ausübt.

(3) Übt der Verkäufer einen Rechtsbehelf wegen Vertragsverletzung aus, so darf ein Gericht oder Schiedsgericht dem Käufer keine zusätzliche Frist gewähren.

Artikel 62 [Zahlung des Kaufpreises; Abnahme der Ware]

Der Verkäufer kann vom Käufer verlangen, dass er den Kaufpreis zahlt, die Ware abnimmt sowie seine sonstigen Pflichten erfüllt, es sei denn, dass der Verkäufer einen Rechtsbehelf ausgeübt hat, der mit diesem Verlangen unvereinbar ist.

Artikel 63 [Nachfrist]

(1) Der Verkäufer kann dem Käufer eine angemessene Nachfrist zur Erfüllung seiner Pflichten setzen.

(2) Der Verkäufer kann vor Ablauf dieser Frist keinen Rechtsbehelf wegen Vertragsverletzung ausüben, außer wenn er vom Käufer die Anzeige erhalten hat, dass dieser seine Pflichten nicht innerhalb der so gesetzten Frist erfüllen wird. Der Verkäufer verliert dadurch jedoch nicht das Recht, Schadenersatz wegen verspäteter Erfüllung zu verlangen.

Artikel 64 [Vertragsaufhebung]

(1) Der Verkäufer kann die Aufhebung des Vertrages erklären,

a) wenn die Nichterfüllung einer dem Käufer nach dem Vertrag oder diesem Übereinkommen obliegenden Pflicht eine wesentliche Vertragsverletzung darstellt oder

b) wenn der Käufer nicht innerhalb der vom Verkäufer nach Artikel 63 Absatz 1 gesetzten Nachfrist seine Pflicht zur Zahlung des Kaufpreises oder zur Abnahme der Ware erfüllt oder wenn er erklärt, dass er dies nicht innerhalb der so gesetzten Frist tun wird.

(2) Hat der Käufer den Kaufpreis gezahlt, so verliert jedoch der Verkäufer sein Recht, die Aufhebung des Vertrages zu erklären, wenn er

a) im Falle verspäteter Erfüllung durch den Käufer die Aufhebung nicht erklärt, bevor er erfahren hat, dass erfüllt worden ist, oder

b) im Falle einer anderen Vertragsverletzung als verspäteter Erfüllung durch den Käufer die Aufhebung nicht innerhalb einer angemessenen Zeit erklärt,

   i) nachdem der Verkäufer die Vertragsverletzung kannte oder kennen musste oder

   ii) nachdem eine vom Verkäufer nach Artikel 63 Absatz 1 gesetzte Nachfrist abgelaufen ist oder nachdem der Käufer erklärt hat, dass er seine Pflichten nicht innerhalb der Nachfrist erfüllen wird.

Artikel 65 [Spezifizierung durch den Verkäufer]

(1) Hat der Käufer nach dem Vertrag die Form, die Maße oder andere Merkmale der Ware näher zu bestimmen und nimmt er diese Spezifizierung nicht zu dem vereinbarten Zeitpunkt oder innerhalb einer angemessenen Frist nach Eingang einer Aufforderung durch den Verkäufer vor, so kann der Verkäufer unbeschadet al-

ler ihm zustehenden sonstigen Rechte die Spezifizierung nach den Bedürfnissen des Käufers, soweit ihm diese bekannt sind, selbst vornehmen.

(2) Nimmt der Verkäufer die Spezifizierung selbst vor, so hat er dem Käufer deren Einzelheiten mitzuteilen und ihm eine angemessene Frist zu setzen, innerhalb deren der Käufer eine abweichende Spezifizierung vornehmen kann. Macht der Käufer nach Eingang einer solchen Mitteilung von dieser Möglichkeit innerhalb der so gesetzten Frist keinen Gebrauch, so ist die vom Verkäufer vorgenommene Spezifizierung verbindlich.

Kapitel IV. Übergang der Gefahr

Artikel 66 [Wirkung des Gefahrübergangs]

Untergang oder Beschädigung der Ware nach Übergang der Gefahr auf den Käufer befreit diesen nicht von der Pflicht, den Kaufpreis zu zahlen, es sei denn, dass der Untergang oder die Beschädigung auf eine Handlung oder Unterlassung des Verkäufers zurückzuführen ist.

Artikel 67 [Gefahrübergang bei Beförderung der Ware]

(1) Erfordert der Kaufvertrag eine Beförderung der Ware und ist der Verkäufer nicht verpflichtet, sie an einem bestimmten Ort zu übergeben, so geht die Gefahr auf den Käufer über, sobald die Ware gemäß dem Kaufvertrag dem ersten Beförderer zur Übermittlung an den Käufer übergeben wird. Hat der Verkäufer dem Beförderer die Ware an einem bestimmten Ort zu übergeben, so geht die Gefahr erst auf den Käufer über, wenn die Ware dem Beförderer an diesem Ort übergeben wird. Ist der Verkäufer befugt, die Dokumente, die zur Verfügung über die Ware berechtigen, zurückzubehalten, so hat dies keinen Einfluss auf den Übergang der Gefahr.

(2) Die Gefahr geht jedoch erst auf den Käufer über, wenn die Ware eindeutig dem Vertrag zugeordnet ist, sei es durch an der Ware angebrachte Kennzeichen, durch Beförderungsdokumente, durch eine Anzeige an den Käufer oder auf andere Weise.

Artikel 68 [Gefahrübergang bei Verkauf der Ware, die sich auf dem Transport befindet]

Wird Ware, die sich auf dem Transport befindet, verkauft, so geht die Gefahr im Zeitpunkt des Vertragsabschlusses auf den Käufer über. Die Gefahr wird jedoch bereits im Zeitpunkt der Übergabe der Ware an den Beförderer, der die Dokumente über den Beförderungsvertrag ausgestellt hat, von dem Käufer übernommen, falls die Umstände diesen Schluss nahe legen. Wenn dagegen der Verkäufer bei Abschluss des Kaufvertrages wusste oder wissen musste, dass die Ware untergegangen oder beschädigt war, und er dies dem Käufer nicht offenbart hat, geht der Untergang oder die Beschädigung zu Lasten des Verkäufers.

Artikel 69 [Gefahrübergang in anderen Fällen]

(1) In den durch Artikel 67 und 68 nicht geregelten Fällen geht die Gefahr auf den Käufer über, sobald er die Ware übernimmt oder, wenn er sie nicht rechtzeitig übernimmt, in dem Zeitpunkt, in dem ihm die Ware zur Verfügung gestellt wird und er durch Nichtabnahme eine Vertragsverletzung begeht.

(2) Hat jedoch der Käufer die Ware an einem anderen Ort als einer Niederlassung des Verkäufers zu übernehmen, so geht die Gefahr über, sobald die Lieferung fällig ist und der Käufer Kenntnis davon hat, dass ihm die Ware an diesem Ort zur Verfügung steht.

(3) Betrifft der Vertrag Ware, die noch nicht individualisiert ist, so gilt sie erst dann als dem Käufer zur Verfügung gestellt, wenn sie eindeutig dem Vertrag zugeordnet worden ist.

Artikel 70 [Wesentliche Vertragsverletzung und Gefahrübergang]

Hat der Verkäufer eine wesentliche Vertragsverletzung begangen, so berühren die Artikel 67, 68 und 69 nicht die dem Käufer wegen einer solchen Verletzung zustehenden Rechtsbehelfe.

Kapitel V. Gemeinsame Bestimmungen über die Pflichten des Verkäufers und des Käufers

Abschnitt I. Vorweggenommene Vertragsverletzung und Verträge über aufeinander folgende Lieferungen

Artikel 71 [Verschlechterungseinrede]

(1) Eine Partei kann die Erfüllung ihrer Pflichten aussetzen, wenn sich nach Vertragsabschluss herausstellt, dass die andere Partei einen wesentlichen Teil ihrer Pflichten nicht erfüllen wird

a) wegen eines schwerwiegenden Mangels ihrer Fähigkeit, den Vertrag zu erfüllen, oder ihrer Kreditwürdigkeit oder

b) wegen ihres Verhaltens bei der Vorbereitung der Erfüllung oder bei der Erfüllung des Vertrages.

(2) Hat der Verkäufer die Ware bereits abgesandt, bevor sich die in Absatz 1 bezeichneten Gründe herausstellen, so kann er sich der Übergabe der Ware an den Käufer widersetzen, selbst wenn der Käufer ein Dokument hat, das ihn berechtigt, die Ware zu erlangen. Der vorliegende Absatz betrifft nur die Rechte auf die Ware im Verhältnis zwischen Käufer und Verkäufer.

(3) Setzt eine Partei vor oder nach der Absendung der Ware die Erfüllung aus, so hat sie dies der anderen Partei sofort anzuzeigen; sie hat die Erfüllung fortzusetzen, wenn die andere Partei für die Erfüllung ihrer Pflichten ausreichende Gewähr gibt.

Artikel 72 [Antizipierter Vertragsbruch]

(1) Ist schon vor dem für die Vertragserfüllung festgesetzten Zeitpunkt offensichtlich, dass eine Partei eine wesentliche Vertragsverletzung begehen wird, so kann die andere Partei die Aufhebung des Vertrages erklären.

(2) Wenn es die Zeit erlaubt und es nach den Umständen vernünftig ist, hat die Partei, welche die Aufhebung des Vertrages erklären will, dies der anderen Partei anzuzeigen, um ihr zu ermöglichen, für die Erfüllung ihrer Pflichten ausreichende Gewähr zu geben.

(3) Absatz 2 ist nicht anzuwenden, wenn die andere Partei erklärt hat, dass sie ihre Pflichten nicht erfüllen wird.

Artikel 73 [Sukzessivlieferungsvertrag; Aufhebung]

(1) Sieht ein Vertrag aufeinander folgende Lieferungen von Ware vor und begeht eine Partei durch Nichterfüllung einer eine Teillieferung betreffenden Pflicht eine wesentliche Vertragsverletzung in Bezug auf diese Teillieferung, so kann die andere Partei die Aufhebung des Vertrages in Bezug auf diese Teillieferung erklären.

(2) Gibt die Nichterfüllung einer eine Teillieferung betreffenden Pflicht durch eine der Parteien der anderen Partei triftigen Grund zu der Annahme, dass eine wesentliche Vertragsverletzung in Bezug auf künftige Teillieferungen zu erwarten ist, so kann die andere Partei innerhalb angemessener Frist die Aufhebung des Vertrages für die Zukunft erklären.

(3) Ein Käufer, der den Vertrag in Bezug auf eine Lieferung als aufgehoben erklärt, kann gleichzeitig die Aufhebung des Vertrages in Bezug auf bereits erhaltene Lieferungen oder in Bezug auf künftige Lieferungen erklären, wenn diese Lieferungen wegen des zwischen ihnen bestehenden Zusammenhangs nicht mehr für den Zweck verwendet werden können, den die Parteien im Zeitpunkt des Vertragsabschlusses in Betracht gezogen haben.

Abschnitt II. Schadenersatz

Artikel 74 [Umfang des Schadenersatzes]

Als Schadenersatz für die durch eine Partei begangene Vertragsverletzung ist der der anderen Partei infolge der Vertragsverletzung entstandene Verlust, einschließlich des entgangenen Gewinns, zu ersetzen. Dieser Schadenersatz darf jedoch den Verlust nicht übersteigen, den die vertragsbrüchige Partei bei Vertragsabschluss als mögliche Folge der Vertragsverletzung vorausgesehen hat oder unter Berücksichtigung der Umstände, die sie kannte oder kennen musste, hätte voraussehen müssen.

Artikel 75 [Schadensberechnung bei Vertragsaufhebung und Deckungsgeschäft]

Ist der Vertrag aufgehoben und hat der Käufer einen Deckungskauf oder der Verkäufer einen Deckungsverkauf in angemessener Weise und innerhalb eines angemessenen Zeitraums nach der Aufhebung vorgenommen, so kann die Partei, die Schadenersatz verlangt, den Unterschied zwischen dem im Vertrag vereinbarten Preis und dem Preis des Deckungskaufs oder des Deckungsverkaufs sowie jeden weiteren Schadenersatz nach Artikel 74 verlangen.

Artikel 76 [Schadensberechnung bei Vertragsaufhebung ohne Deckungsgeschäft]

(1) Ist der Vertrag aufgehoben und hat die Ware einen Marktpreis, so kann die Schadenersatz verlangende Partei, wenn sie keinen Deckungskauf oder Deckungsverkauf nach Artikel 75 vorgenommen hat, den Unterschied zwischen dem im Vertrag vereinbarten Preis und dem Marktpreis zur Zeit der Aufhebung sowie jeden weiteren Schadenersatz nach Artikel 74 verlangen. Hat jedoch die Partei, die Schadenersatz verlangt, den Vertrag aufgehoben, nachdem sie die Ware übernommen hat, so gilt der Marktpreis zur Zeit der Übernahme und nicht der Marktpreis zur Zeit der Aufhebung.

(2) Als Marktpreis im Sinne von Absatz 1 ist maßgebend der Marktpreis, der an dem Ort gilt, an dem die Lieferung der Ware hätte erfolgen sollen, oder, wenn dort ein Marktpreis nicht besteht, der an einem angemessenen Ersatzort geltende Marktpreis; dabei sind Unterschiede in den Kosten der Beförderung der Ware zu berücksichtigen.

Artikel 77 [Schadensminderungspflicht des Ersatzberechtigten]

Die Partei, die sich auf eine Vertragsverletzung beruft, hat alle den Umständen nach angemessenen Maßnahmen zur Verringerung des aus der Vertragsverletzung folgenden Verlusts, einschließlich des entgangenen Gewinns, zu treffen. Versäumt sie dies, so kann die vertragsbrüchige Partei Herabsetzung des Schadenersatzes in Höhe des Betrags verlangen, um den der Verlust hätte verringert werden sollen.

Abschnitt III. Zinsen

Artikel 78 [Zinsen]

Versäumt eine Partei, den Kaufpreis oder einen anderen fälligen Betrag zu zahlen, so hat die andere Partei für diese Beträge Anspruch auf Zinsen, unbeschadet eines Schadenersatzanspruchs nach Artikel 74.

Abschnitt IV. Befreiungen

Artikel 79 [Hinderungsgrund außerhalb des Einflussbereichs des Schuldners]

(1) Eine Partei hat für die Nichterfüllung einer ihrer Pflichten nicht einzustehen, wenn sie beweist, dass die Nichterfüllung auf einem außerhalb ihres Einflussbereichs liegenden Hinderungsgrund beruht und dass von ihr vernünftigerweise nicht erwartet werden konnte, den Hinderungsgrund bei Vertragsabschluss in Betracht zu ziehen oder den Hinderungsgrund oder seine Folgen zu vermeiden oder zu überwinden.

(2) Beruht die Nichterfüllung einer Partei auf der Nichterfüllung durch einen Dritten, dessen sie sich zur völligen oder teilweisen Vertragserfüllung bedient, so ist diese Partei von der Haftung nur befreit,

a) wenn sie nach Absatz 1 befreit ist und

b) wenn der Dritte selbst ebenfalls nach Absatz 1 befreit wäre, sofern Absatz 1 auf ihn Anwendung fände.

(3) Die in diesem Artikel vorgesehene Befreiung gilt für die Zeit, während der der Hinderungsgrund besteht.

(4) Die Partei, die nicht erfüllt, hat den Hinderungsgrund und seine Auswirkung auf ihre Fähigkeit zu erfüllen der anderen Partei mitzuteilen. Erhält die andere Partei die Mitteilung nicht innerhalb einer angemessenen Frist, nachdem die nicht erfüllende Partei den Hinderungsgrund kannte oder kennen musste, so haftet diese für den aus dem Nichterhalt entstehenden Schaden.

(5) Dieser Artikel hindert die Parteien nicht, ein anderes als das Recht auszuüben, Schadenersatz nach diesem Übereinkommen zu verlangen.

Artikel 80 [Verursachung der Nichterfüllung durch die andere Partei]

Eine Partei kann sich auf die Nichterfüllung von Pflichten durch die andere Partei nicht berufen, soweit diese Nichterfüllung durch ihre Handlung oder Unterlassung verursacht wurde.

Abschnitt V. Wirkungen der Aufhebung

Artikel 81 [Erlöschen der Leistungspflichten; Rückgabe des Geleisteten]

(1) Die Aufhebung des Vertrages befreit beide Parteien von ihren Vertragspflichten, mit Ausnahme etwaiger Schadenersatzpflichten. Die Aufhebung berührt nicht Bestimmungen des Vertrages über die Beilegung von Streitigkeiten oder sonstige Bestimmungen des Vertrages, welche die Rechte und Pflichten der Parteien nach Vertragsaufhebung regeln.

(2) Hat eine Partei den Vertrag ganz oder teilweise erfüllt, so kann sie Rückgabe des von ihr Geleisteten von der anderen Partei verlangen. Sind beide Parteien zur Rückgabe verpflichtet, so sind die Leistungen Zug um Zug zurückzugeben.

Artikel 82 [Verlust der Rechte auf Vertragsaufhebung oder Ersatzlieferung wegen Unmöglichkeit der Rückgabe im ursprünglichen Zustand]

(1) Der Käufer verliert das Recht, die Aufhebung des Vertrages zu erklären oder vom Verkäufer Ersatzlieferung zu verlangen, wenn es ihm unmöglich ist, die Ware im Wesentlichen in dem Zustand zurückzugeben, in dem er sie erhalten hat.

(2) Absatz 1 findet keine Anwendung,

a) wenn die Unmöglichkeit, die Ware zurückzugeben oder sie im Wesentlichen in dem Zustand zurückzugeben, in dem der Käufer sie erhalten hat, nicht auf einer Handlung oder Unterlassung des Käufers beruht,

b) wenn die Ware ganz oder teilweise infolge der in Artikel 38 vorgesehenen Untersuchung untergegangen oder verschlechtert worden ist oder

c) wenn der Käufer die Ware ganz oder teilweise im normalen Geschäftsverkehr verkauft oder der normalen Verwendung entsprechend verbraucht oder verändert hat, bevor er die Vertragswidrigkeit entdeckt hat oder hätte entdecken müssen.

Artikel 83 [Fortbestand anderer Rechte des Käufers]

Der Käufer, der nach Artikel 82 das Recht verloren hat, die Aufhebung des Vertrages zu erklären oder vom Verkäufer Ersatzlieferung zu verlangen, behält alle anderen Rechtsbehelfe, die ihm nach dem Vertrag und diesem Übereinkommen zustehen.

Artikel 84 [Ausgleich von Vorteilen im Falle der Rückabwicklung]

(1) Hat der Verkäufer den Kaufpreis zurückzuzahlen, so hat er außerdem vom Tag der Zahlung an auf den Betrag Zinsen zu zahlen.

(2) Der Käufer schuldet dem Verkäufer den Gegenwert aller Vorteile, die er aus der Ware oder einem Teil der Ware gezogen hat,

a) wenn er die Ware ganz oder teilweise zurückgeben muss oder

b) wenn es ihm unmöglich ist, die Ware ganz oder teilweise zurückzugeben oder sie ganz oder teilweise im Wesentlichen in dem Zustand zurückzugeben, in dem er sie erhalten hat, er aber dennoch die Aufhebung des Vertrages erklärt oder vom Verkäufer Ersatzlieferung verlangt hat.

Abschnitt VI. Erhaltung der Ware

Artikel 85 [Pflicht des Verkäufers zur Erhaltung der Ware]

Nimmt der Käufer die Ware nicht rechtzeitig ab oder versäumt er, falls Zahlung des Kaufpreises und Lieferung der Ware Zug um Zug erfolgen sollen, den Kaufpreis zu zahlen, und hat der Verkäufer die Ware noch in Besitz oder ist er sonst in der Lage, über sie zu verfügen, so hat der Verkäufer die den Umständen angemessenen Maßnahmen zu ihrer Erhaltung zu treffen. Er ist berechtigt, die Ware zurückzubehalten, bis ihm der Käufer seine angemessenen Aufwendungen erstattet hat.

Artikel 86 [Pflicht des Käufers zur Inbesitznahme und Erhaltung der Ware]

(1) Hat der Käufer die Ware empfangen und beabsichtigt er, ein nach dem Vertrag oder diesem Übereinkommen bestehendes Zurückweisungsrecht auszuüben, so hat er die den Umständen angemessenen Maßnahmen zu ihrer Erhaltung zu treffen. Er ist berechtigt, die Ware zurückzubehalten, bis ihm der Verkäufer seine angemessenen Aufwendungen erstattet hat.

(2) Ist die dem Käufer zugesandte Ware ihm am Bestimmungsort zur Verfügung gestellt worden und übt er das Recht aus, sie zurückzuweisen, so hat er sie für Rechnung des Verkäufers in Besitz zu nehmen, sofern dies ohne Zahlung des Kaufpreises und ohne unzumutbare Unannehmlichkeiten oder unverhältnismäßige Kosten möglich ist. Dies gilt nicht, wenn der Verkäufer oder eine Person, die befugt ist, die Ware für Rechnung des Verkäufers in Obhut zu nehmen, am Bestimmungsort anwesend ist. Nimmt der Käufer die Ware nach diesem Absatz in Besitz, so werden seine Rechte und Pflichten durch Absatz 1 geregelt.

Artikel 87 [Einlagerung bei Dritten]

Eine Partei, die Maßnahmen zur Erhaltung der Ware zu treffen hat, kann die Ware auf Kosten der anderen Partei in den Lagerräumen eines Dritten einlagern, sofern daraus keine unverhältnismäßigen Kosten entstehen.

Artikel 88 [Selbsthilfeverkauf]

(1) Eine Partei, die nach Artikel 85 oder 86 zur Erhaltung der Ware verpflichtet ist, kann sie auf jede geeignete Weise verkaufen, wenn die andere Partei die Inbesitznahme oder die Rücknahme der Ware oder die Zahlung des Kaufpreises oder der Erhaltungskosten ungebührlich hinauszögert, vorausgesetzt, dass sie der anderen Partei ihre Verkaufsabsicht in vernünftiger Weise angezeigt hat.

(2) Ist die Ware einer raschen Verschlechterung ausgesetzt oder würde ihre Erhaltung unverhältnismäßige Kosten verursachen, so hat die Partei, der nach Artikel 85 oder 86 die Erhaltung der Ware obliegt, sich in angemessener Weise um ihren Verkauf zu bemühen. Soweit möglich hat sie der anderen Partei ihre Verkaufsabsicht anzuzeigen.

(3) Hat eine Partei die Ware verkauft, so kann sie aus dem Erlös des Verkaufs den Betrag behalten, der den angemessenen Kosten der Erhaltung und des Verkaufs der Ware entspricht. Den Überschuss schuldet sie der anderen Partei.

Teil IV
Schlussbestimmungen

Artikel 89 [Depositar]

Der Generalsekretär der Vereinten Nationen wird hiermit zum Verwahrer dieses Übereinkommens bestimmt.

Artikel 90 [Verhältnis zu anderen völkerrechtlichen Vereinbarungen]

Dieses Übereinkommen geht bereits geschlossenen oder in Zukunft zu schließenden völkerrechtlichen Übereinkünften, die Bestimmungen über in diesem Übereinkommen geregelte Gegenstände enthalten, nicht vor, sofern die Parteien ihre Niederlassung in Vertragsstaaten einer solchen Übereinkunft haben.

Artikel 91 [Unterzeichnung; Ratifikation; Annahme; Genehmigung; Beitritt]

(1) Dieses Übereinkommen liegt in der Schlusssitzung der Konferenz der Vereinten Nationen über Verträge über den internationalen Warenkauf zur Unterzeichnung auf und liegt dann bis 30. September 1981 am Sitz der Vereinten Nationen in New York für alle Staaten zur Unterzeichnung auf.

(2) Dieses Übereinkommen bedarf der Ratifikation, Annahme oder Genehmigung durch die Unterzeichnerstaaten.

(3) Dieses Übereinkommen steht allen Staaten, die nicht Unterzeichnerstaaten sind, von dem Tag an zum Beitritt offen, an dem es zur Unterzeichnung aufgelegt wird.

(4) Die Ratifikations-, Annahme-, Genehmigungs- und Beitrittsurkunden werden beim Generalsekretär der Vereinten Nationen hinterlegt.

Artikel 92 [Teilweise Ratifikation, Annahme, Genehmigung oder Beitritt]

(1) Ein Vertragsstaat kann bei der Unterzeichnung, der Ratifikation, der Annahme, der Genehmigung oder dem Beitritt erklären, dass Teil II dieses Übereinkommens für ihn nicht verbindlich ist oder dass Teil III dieses Übereinkommens für ihn nicht verbindlich ist.

(2) Ein Vertragsstaat, der eine Erklärung nach Absatz 1 zu Teil II oder Teil III dieses Übereinkommens abgegeben hat, ist hinsichtlich solcher Gegenstände, die durch den Teil geregelt werden, auf den sich die Erklärung bezieht, nicht als Vertragsstaat im Sinne des Artikels 1 Absatz 1 zu betrachten.

Artikel 93 [Föderative Staaten]

(1) Ein Vertragsstaat, der zwei oder mehr Gebietseinheiten umfasst, in denen nach seiner Verfassung auf die in diesem Übereinkommen geregelten Gegenstände unterschiedliche Rechtsordnungen angewendet werden, kann bei der Unterzeichnung, der Ratifikation, der Annahme, der Genehmigung oder dem Beitritt erklären, dass dieses Übereinkommen sich auf alle seine Gebietseinheiten oder nur auf eine oder mehrere derselben erstreckt; er kann seine Erklärung jederzeit durch eine neue Erklärung ändern.

(2) Die Erklärungen sind dem Verwahrer zu notifizieren und haben ausdrücklich anzugeben, auf welche Gebietseinheiten das Übereinkommen sich erstreckt.

(3) Erstreckt sich das Übereinkommen aufgrund einer Erklärung nach diesem Artikel auf eine oder mehrere, jedoch nicht auf alle Gebietseinheiten eines Vertragsstaats und liegt die Niederlassung einer Partei in diesem Staat, so wird diese Niederlassung im Sinne dieses Übereinkommens nur dann als in einem Vertragsstaat gelegen betrachtet, wenn sie in einer Gebietseinheit liegt, auf die sich das Übereinkommen erstreckt.

(4) Gibt ein Vertragsstaat keine Erklärung nach Absatz 1 ab, so erstreckt sich das Übereinkommen auf alle Gebietseinheiten dieses Staates.

Artikel 94 [Erklärung über Nichtanwendung der Konvention]

(1) Zwei oder mehr Vertragsstaaten, welche gleiche oder einander sehr nahe kommende Rechtsvorschriften für Gegenstände haben, die in diesem Übereinkommen geregelt werden, können jederzeit erklären, dass das Übereinkommen auf Kaufverträge und ihren Abschluss keine Anwendung findet, wenn die Parteien ihre Niederlassung in diesen Staaten haben. Solche Erklärungen können als gemeinsame oder als aufeinander bezogene einseitige Erklärungen abgegeben werden.

(2) Hat ein Vertragsstaat für Gegenstände, die in diesem Übereinkommen geregelt werden, Rechtsvorschriften, die denen eines oder mehrerer Nichtvertragsstaaten gleich sind oder sehr nahe kommen, so kann er jederzeit erklären, dass das Übereinkommen auf Kaufverträge oder ihren Abschluss keine Anwendung findet, wenn die Parteien ihre Niederlassung in diesen Staaten haben.

(3) Wird ein Staat, auf den sich eine Erklärung nach Absatz 2 bezieht, Vertragsstaat, so hat die Erklärung von dem Tag an, an dem das Übereinkommen für den neuen Vertragsstaat in Kraft tritt, die Wirkung einer nach Absatz 1 abgegebenen Erklärung, vorausgesetzt, dass der neue Vertragsstaat sich einer solchen Erklärung anschließt oder eine darauf bezogene einseitige Erklärung abgibt.

Artikel 95 [Erklärung zum Ausschluss der Anwendung des Artikel 1 I b)]

Jeder Staat kann bei der Hinterlegung seiner Ratifikations-, Annahme-, Genehmigungs- oder

Beitrittsurkunde erklären, dass Artikel 1 Absatz 1 Buchstabe b für ihn nicht verbindlich ist.

Artikel 96 [Erklärung zur Schriftform]

Ein Vertragsstaat, nach dessen Rechtsvorschriften Kaufverträge schriftlich zu schließen oder nachzuweisen sind, kann jederzeit eine Erklärung nach Artikel 12 abgeben, dass die Bestimmungen der Artikel 11 und 29 oder des Teils II dieses Übereinkommens, die für den Abschluss eines Kaufvertrages, seine Änderung oder Aufhebung durch Vereinbarung oder für ein Angebot, eine Annahme oder eine sonstige Willenserklärung eine andere als die schriftliche Form gestatten, nicht gelten, wenn eine Partei ihre Niederlassung in diesem Staat hat.

Artikel 97 [Wirksamkeitsvoraussetzungen einer Vorbehaltserklärung]

(1) Erklärungen, die nach diesem Übereinkommen bei der Unterzeichnung abgegeben werden, bedürfen der Bestätigung bei der Ratifikation, Annahme oder Genehmigung.

(2) Erklärungen und Bestätigungen von Erklärungen bedürfen der Schriftform und sind dem Verwahrer zu notifizieren.

(3) Eine Erklärung wird gleichzeitig mit dem In-Kraft-Treten dieses Übereinkommens für den betreffenden Staat wirksam. Eine Erklärung, die dem Verwahrer nach diesem In-Kraft-Treten notifiziert wird, tritt jedoch am ersten Tag des Monats in Kraft, der auf einen Zeitabschnitt von sechs Monaten nach ihrem Eingang beim Verwahrer folgt. Aufeinander bezogene einseitige Erklärungen nach Artikel 94 werden am ersten Tag des Monats wirksam, der auf einen Zeitabschnitt von sechs Monaten nach Eingang der letzten Erklärung beim Verwahrer folgt.

(4) Ein Staat, der eine Erklärung nach diesem Übereinkommen abgibt, kann sie jederzeit durch eine an den Verwahrer gerichtete schriftliche Notifikation zurücknehmen. Eine solche Rücknahme wird am ersten Tag des Monats wirksam, der auf einen Zeitabschnitt von sechs Monaten nach Eingang der Notifikation beim Verwahrer folgt.

(5) Die Rücknahme einer nach Artikel 94 abgegebenen Erklärung macht eine von einem anderen Staat nach Artikel 94 abgegebene, darauf bezogene Erklärung von dem Tag an unwirksam, an dem die Rücknahme wirksam wird.

Artikel 98 [Zulässigkeit von Vorbehalten]

Vorbehalte sind nur zulässig, soweit sie in diesem Übereinkommen ausdrücklich für zulässig erklärt werden.

Artikel 99 [Zeitpunkt des In-Kraft-Tretens]

(1) Vorbehaltlich des Absatzes 6 tritt dieses Übereinkommen am ersten Tag des Monats in Kraft, der auf einen Zeitabschnitt von zwölf Monaten nach Hinterlegung der zehnten Ratifikations-, Annahme-, Genehmigungs- oder Beitrittsurkunde einschließlich einer Urkunde, die eine nach Artikel 92 abgegebene Erklärung enthält, folgt.

(2) Wenn ein Staat dieses Übereinkommen nach Hinterlegung der zehnten Ratifikations-, Annahme-, Genehmigungs- oder Beitrittsurkunde ratifiziert, annimmt, genehmigt oder ihm beitritt, tritt dieses Übereinkommen mit Ausnahme des ausgeschlossenen Teils für diesen Staat vorbehaltlich des Absatzes 6 am ersten Tag des Monats in Kraft, der auf einen Zeitabschnitt von zwölf Monaten nach Hinterlegung seiner Ratifikations-, Annahme-, Genehmigungs- oder Beitrittsurkunde folgt.

(3) Ein Staat, der dieses Übereinkommen ratifiziert, annimmt, genehmigt oder ihm beitritt und Vertragspartei des Haager Übereinkommens vom 1. Juli 1964 zur Einführung eines Einheitlichen Gesetzes über den Abschluss von internationalen Kaufverträgen über bewegliche Sachen (Haager Abschlussübereinkommen von 1964) oder des Haager Übereinkommens vom 1. Juli 1964 zur Einführung eines Einheitlichen Gesetzes über den internationalen Kauf beweglicher Sachen (Haager Kaufrechtsübereinkommen von 1964) ist, kündigt gleichzeitig das Haager Kaufrechtsübereinkommen von 1964 oder das Haager Abschlussübereinkommen von 1964 oder gegebenenfalls beide Übereinkom-

men, indem er der Regierung der Niederlande die Kündigung notifiziert.

(4) Eine Vertragspartei des Haager Kaufrechtsübereinkommens von 1964, die das vorliegende Übereinkommen ratifiziert, annimmt, genehmigt oder ihm beitritt und nach Artikel 92 erklärt oder erklärt hat, dass Teil II dieses Übereinkommens für sie nicht verbindlich ist, kündigt bei der Ratifikation, der Annahme, der Genehmigung oder dem Beitritt das Haager Kaufrechtsübereinkommen von 1964, indem sie der Regierung der Niederlande die Kündigung notifiziert.

(5) Eine Vertragspartei des Haager Abschlussübereinkommens von 1964, die das vorliegende Übereinkommen ratifiziert, annimmt, genehmigt oder ihm beitritt und nach Artikel 92 erklärt oder erklärt hat, dass Teil III dieses Übereinkommens für sie nicht verbindlich ist, kündigt bei der Ratifikation, der Annahme, der Genehmigung oder dem Beitritt das Haager Abschlussübereinkommen von 1964, indem sie der Regierung der Niederlande die Kündigung notifiziert.

(6) Für die Zwecke dieses Artikels werden Ratifikationen, Annahmen, Genehmigungen und Beitritte bezüglich dieses Übereinkommens, die von Vertragsparteien des Haager Abschlussübereinkommens von 1964 oder des Haager Kaufrechtsübereinkommens von 1964 vorgenommen werden, erst wirksam, nachdem die erforderlichen Kündigungen durch diese Staaten bezüglich der genannten Übereinkommen selbst wirksam geworden sind. Der Verwahrer dieses Übereinkommens setzt sich mit der Regierung der Niederlande als Verwahrer der Übereinkommen von 1964 in Verbindung, um die hierfür notwendige Koordinierung sicherzustellen.

Artikel 100 [Zeitlicher Geltungsbereich]

(1) Dieses Übereinkommen findet auf den Abschluss eines Vertrages nur Anwendung, wenn das Angebot zum Vertragsabschluss an oder nach dem Tag gemacht wird, an dem das Übereinkommen für die in Artikel 1 Absatz 1 Buchstabe a genannten Vertragsstaaten oder den in Artikel 1 Absatz 1 Buchstabe b genannten Vertragsstaat in Kraft tritt.

(2) Dieses Übereinkommen findet nur auf Verträge Anwendung, die an oder nach dem Tag geschlossen werden, an dem das Übereinkommen für die in Artikel 1 Absatz 1 Buchstabe a genannten Vertragsstaaten oder den in Artikel 1 Absatz 1 Buchstabe b genannten Vertragsstaat in Kraft tritt.

Artikel 101 [Kündigung des Übereinkommens]

(1) Ein Vertragsstaat kann dieses Übereinkommen oder dessen Teil II oder Teil III durch eine an den Verwahrer gerichtete schriftliche Notifikation kündigen.

(2) Eine Kündigung wird am ersten Tag des Monats wirksam, der auf einen Zeitabschnitt von zwölf Monaten nach Eingang der Notifikation beim Verwahrer folgt. Ist in der Notifikation eine längere Kündigungsfrist angegeben, so wird die Kündigung nach Ablauf dieser längeren Frist nach Eingang der Notifikation beim Verwahrer wirksam.

Geschehen zu Wien am 11. April 1980 in einer Urschrift in arabischer, chinesischer, englischer, französischer, russischer und spanischer Sprache, wobei jeder Wortlaut gleichermaßen verbindlich ist.

Abkürzungen

AGB	Allgemeine Geschäftsbedingungen
BGB	Bürgerliches Gesetzbuch
CIF	cost, insurance, freight (engl.): Kosten, Versicherung, Fracht
CISG	(United Nations Convention on) Contracts for the International Sale of Goods
DDP	delivery duty paid (engl.): geliefert verzollt
DIS	Deutsche Institution für Schiedsgerichtsbarkeit
ECE	Economic Commission for Europe
EEA	European Economic Area = Europäischer Wirtschaftsraum (EWR)
EGBGB	Einführungsgesetz zum Bürgerlichen Gesetzbuch
EWR	Europäischer Wirtschaftsraum, umfasst alle EU-Staaten sowie Norwegen, Liechtenstein und Island
EXW	ex works (engl.): ab Werk
FOB	free on board (engl.): frei an Bord
HGB	Handelsgesetzbuch
ICC	International Chamber of Commerce, Paris
ORGALIME	Organisme de Liaison des Industries Métalliques Européennes
UNCITRAL	United Nations Commission for International Trade Law
VDI	Verein Deutscher Ingenieure
ZPO	Zivilprozessordnung

Literatur

Detzer, Klaus/Ullrich, Claus: Gestaltung von Verträgen mit ausländischen Handelsvertretern und Vertragshändlern, Heidelberg 2000.

Häberle, Siegfried Georg: Handbuch für Kaufrecht, Rechtsdurchsetzung und Zahlungssicherung im Außenhandel, München/Wien 2002.

Lehr, Wolfgang: Optimierung des Exportgeschäfts, Köln/Berlin/Bonn/München 2001.

Schütze, Rolf A.: Rechtsverfolgung im Ausland. Praxis des internationalen Zivilprozessrechts, Heidelberg 2002.

Stichwortverzeichnis